法藏知津

七　編

杜 潔 祥 主編

第4冊

蕅益智旭《靈峰宗論》研究（下）

黃 家 樺 著

花木蘭文化事業有限公司

國家圖書館出版品預行編目資料

蕅益智旭《靈峰宗論》研究(下)／黃家樺 著 -- 初版 -- 新北市：
花木蘭文化事業有限公司，2021〔民 110〕
目 8+166 面；19×26 公分
(法藏知津七編 第 4 冊)
ISBN 978-986-518-443-8（精裝）
1.（明）釋智旭 2. 淨土宗
030.8 110000658

ISBN-978-986-518-443-8
9 789865 184438

法藏知津七編
第 四 冊 ISBN：978-986-518-443-8

蕅益智旭《靈峰宗論》研究（下）

作　者 黃家樺
主　編 杜潔祥
副總編輯 楊嘉樂
編　輯 許郁翎、張雅淋 美術編輯 陳逸婷
出　版 花木蘭文化事業有限公司
發 行 人 高小娟
聯絡地址 235 新北市中和區中安街七二號十三樓
電話：02-2923-1455／傳真：02-2923-1452
網　址 http://www.huamulan.tw 信箱 service@huamulans.com
印　刷 普羅文化出版廣告事業
初　版 2021 年 3 月
定　價 七編 29 冊（精裝）新台幣 86,000 元

蕅益智旭《靈峰宗論》研究（下）

黃家樺 著

目次

上冊

中　冊

下　冊

表　次

圖　次

附　錄

附錄一：「蕅益智旭著述前人研究成果分類統計表」分十六類，共 192 篇（本）

一、「地藏經、地藏信仰、占察經、卜筮」

編號	作者	題目	出版社／學校／期刊	時間	地區	類別	備註
1	釋立融	蕅益智旭卜筮信仰之探索	全國佛學論文聯合發表會（第 10 屆）	1999.08.20	台灣	會議論文	
2	釋立融	蕅益智旭占察懺法之研究	中華佛學研究所	2001	台灣	畢業論文	
3	篠田昌宜(著)	智旭『占察経義疏』に於ける「現前一念心」について	駒沢大学仏教学部論集，通号，34，279～290	2003.10.31	日	期刊	
4	楊秋滿	晚明蕅益智旭之地藏信仰	華梵大學／東方人文思想研究所／碩士	2004（93）	台灣	碩論	
5	窪田哲正(著)	智旭における『占察経』二種観道説	印度学仏教学研究，通号，120，51～55（R）	2010.03.20	日	期刊	
6	廖彩鳳	蕅益智旭的生平及思想：地藏信仰、持戒的實踐和性相融會思想	佛光大學／佛教學系／碩士	2011(100)	台灣	碩論	

7	孫桂彬	佛教的卜筮信仰——以藕益智旭卜筮活動為中心	湖南大學學報（社會科學版）	2016.09.28	大陸	期刊	
8	孫碩	蕅益智旭對中國地藏信仰隆興的歷史貢獻	文存閱刊	2018.08.08	大陸	期刊	
9	王詩越	論蕅益智旭在九華山地藏信仰興起中的貢獻	皖西學院學報	2018.12.15	大陸	期刊	

二、「法性宗，《楞嚴經玄義》、《楞嚴經文句》、《起信論裂網疏》）」

編號	作者	題目	出版社／學校／期刊	時間	地區	類別	備註
1	安藤俊雄（著）	藕益智旭の性具思想	印度学仏教学研究，通号，5，273～276	1954.09.25	日	期刊	
2	岩城英規（著）	智旭の起信論解釈について	天台学報，通号，35，98～102（R）	1993.10.16	日	期刊	
3	岩城英規（著）	藕益智旭の『首楞厳経』解釈	宗教研究，通号，319，257～258（R）	1999.03.30	日	期刊	
4	岩城英規（著）	藕益智旭の『首楞厳経』解釈	天台学報，通号，41，113～120（R）	1999.11.01	日	期刊	
5	單正齊	《起信論裂網疏》思想探微——論智旭對《起信論》真心系思想的改造	宗教學研究	2001.03.30	大陸	期刊	
6	岩城英規（著）	藕益智旭の『首楞厳経』解釈	東アジア仏教——その成立と展開：木村清孝博士還暦記念論集，通号，205～218	2002.11.16	日	期刊	
7	篠田昌宜（著）	智旭『大乗起信論裂網疏』について	印度学仏教学研究，通号，103，195～197	2003.12.20	日	期刊	
8	篠田昌宜（著）	智旭『大乗起信論裂網疏』における玄談の考察	駒沢大学大学院仏教学研究会年報，通号，38，23～33（R）	2005.05.30	日	期刊	

9	岩城英規(著)	智旭と智円——『首楞厳経』注釈の比較に焦点を当てて	印度学仏教学研究，通号，108，97～102	2006.03.20	日	期刊	
10	篠田昌宜(著)	智旭の実叉難陀訳『起信論』注釈の理由について	駒沢大学大学院仏教学研究会年報，通号，39，73～83（R）	2006.05.30	日	期刊	
11	篠田昌宜(著)	智旭『大乗起信論裂網疏』における立義分の解釈	東アジア仏教研究，通号，5，73～84	2007.05.31	日	期刊	
12	釋証煜	由「妙湛總持不動」探討蕅益智旭《楞嚴經文句》註解之特色	全國佛學論文 22 屆（2011）論文集	2011	台灣	論文集	
13	篠田昌宜(著)	智旭『首楞厳経文句』における「念仏三昧」の解釈について	印度学仏教学研究，通号，126，253～257（R）	2012.03.20	日	期刊	
14	郝飛	蕅益智旭的心性論	遼寧大學碩士	2012.04.01	大陸	碩論	
15	黃馨儀	智旭《楞嚴經》詮釋之研究—以《楞嚴經玄義》、《楞嚴經文句》為主	國立臺灣師範大學／國文學系／博士	2014(103)	台灣	博論	
16	黃世福	蕅益智旭的心性論	淮北師范大學學報（哲學社會科學版）	2016.08.25	大陸	碩論	

三、「法相宗，《成唯識論觀心法要》、《相宗八要直解》、《楞伽經玄義》、《楞伽經義疏》」

編號	作者	題目	出版社／學校／期刊	時間	地區	類別	備註
1	龔鵬程	蕅益智旭唯識學發隱	淡江中文學報 16，頁 1～34	2007.06［民 96.06］	台灣	期刊	
2	龔曉康	佛教論「意識」——以智旭為重點	貴州大學學報（社會科學版）	2007.09.25	大陸	期刊	

3	游嵐凱	蕅益智旭的唯識思想研究	國立臺灣師範大學／國文學系／碩士	2010（99）	台灣	碩論	
4	邱信忠	蕅益智旭唯識思想研究—以《成唯識論觀心法要》為中心	國立高雄師範大學／國文學系／博士	2013（102）	台灣	博論	
5	肖泓玥	智旭唯識思想的和合印跡	商丘師范學院學報	2013.10.15	大陸	期刊	

四、「天台宗，《法華經綸貫》、《法華會義》、《妙玄節要》、《教觀綱宗》《教觀綱宗釋義》」

編號	作者	題目	出版社／學校／期刊	時間	地區	類別	備註
1	浅井円道（著）	智旭の法華経会義等の研究	法華経の中国的展開：法華経研究，通号，4，415～442（R）	1972.03.20	日	期刊	
2	釈（張）聖巌（著）	智旭の思想と天台学	印度学仏教学研究，通号，45，326～329	1974.12.25	日	期刊	
3	池田魯参（著）	智旭教学と天台教判	印度学仏教学研究，通号，49，234～238	1976.12.25	日	期刊	
4	星宮智光（著）	藕益智旭の天学批判	天台学報，通号，29 47～52	1987.10.23	日	期刊	
5	岩城英規（著）	智旭の教判論	天台学報，通号，42，78～84（R）	2000.11.06	日	期刊	
6	釋聖嚴	「教觀綱宗」緒論	中華佛學學報 14，頁 353～359	2001.09 民 90.09	台灣	期刊	
7	岩城英規（著）	智旭と山外派	印度学仏教学研究，通号，100，108～113	2002.03.20	日	期刊	
8	聖嚴法師	天台心鑰：教觀綱宗貫註	法鼓文化	2002.04.01	台灣	專書	
9	林文彬	試論智旭《周易禪解》天臺學之特色	興大人文學報，32（上），頁 147～172	2002.06 民 91.06	台灣	期刊	
10	龔曉康	真心與妄心之辨——以智旭為重點	宗教學研究	2008.03.15	大陸	期刊	

11	鍾媄媜（釋天禪）	由蕅益智旭《教觀綱宗》的「緣覺」、「獨覺」探討「辟支佛」的修行實踐	大專學生佛學論文集 2012，55～68	2012	台灣	會議論文集	
12	篠田昌宜（著）	智旭『教観綱宗』における「化儀四教」の解釈について	印度学仏教学研究，通号，128 207～211（R）	2012.12.20	日	期刊	
13	趙俊勇	蕅益大師承繼天臺法脈的信愿行	臺州學院學報	2016.10.20	大陸	期刊	
14	尹婉露	蕅益智旭天臺思想研究	雲南師範大學	2018.05.31	大陸	期刊	

五、「淨土宗，《佛說阿彌陀經要解》」

編號	作者	題目	出版社／學校／期刊	時間	地區	類別	備註
1	鄧繼盈	蕅益智旭之淨土思想	國立政治大學／中國文學研究所／碩士	1989（78）	台灣	碩論	
2	林淑玟	老實念佛人——蕅益大師	人生，177，頁 26～27	1998.05 民 87.05	台灣	期刊	
3	釋學誠	略論蕅益大師念佛即禪觀思想——紀念蕅益大師誕辰 400 週年	兩岸禪學研討會論文集（第 2 屆）——念佛與禪，177～195	1999.10.23	台灣	會議論文集	
4	洪桜娟（著）	智旭の浄土念仏思想	龍谷大学大学院文学研究科紀要，通号，25，70～84	2003.12.10	日	期刊	
5	篠田昌宜（著）	智旭『大乘起信論裂網疏』における衆生心と専念阿弥陀仏の解釈について	駒沢大学大学院仏教学研究会年報，通号，40，31～42（R）	2007.05.30	日	期刊	
6	陳敨文	《彌陀要解》中四土感生論所顯的心土不二義	慈濟大學人文社會科學學刊 7，頁 2～23	2008.06［民 97.06］	台灣	期刊	

7	龔曉康	蕅益智旭淨土思想研究	四川大學博士	2005.03.20	大陸	博論	
		融會與貫通：蕅益智旭思想研究（簡體書）	巴蜀書社	2009.01.01	大陸	專書	
8	林良儒	智顗《摩訶止觀》與智旭《彌陀要解》觀法之比較研究——探究觀心法門與持名念佛雙修之義理根據	南華大學／哲學系碩士班／碩士	2009（98）	台灣	碩論	
9	黃碧香	蕅益智旭《彌陀要解》之研究	玄奘大學／宗教學系碩士班／碩士	2009（98）	台灣	碩論	
10	余沛翃	蕅益智旭《佛說阿彌陀經要解》之研究	國立屏東教育大學／中國語文學系／碩士	2010（99）	台灣	碩論	
11	王智勇	融會禪教律指歸淨土——蕅益大師思想最終歸趣	宜春學院學報	2010.05.25	大陸	期刊	
12	篠田昌宜(著)	智旭『阿弥陀経要解』における「一心不乱」の解釈について	印度学仏教学研究，通号，122，227～230（R）	2010.12.20	日	期刊	
13	蕭愛蓉	「攝禪歸淨」對晚明佛教的革新意義——以蕅益智旭為核心	全國佛學論文 24 屆（2013）論文集，1～20	2013	台灣		

六、「戒律」

編號	作者	題目	出版社／學校／期刊	時間	地區	類別	備註
1	默如	蕅益大師居家受儲觀（上）——五戒應用護衣論	菩提樹 268，頁 15～16	1975.03 民 64.03	台灣	期刊	
2	利根川浩 行（著）	藕益智旭の戒学	印度学仏教学研究，通号，57，350～353	1980.12.31	日	期刊	

3	利根川浩行（著）	智旭撰『重定授菩薩戒法』について	天台学報，通号，23，98～102	1981.11.05	日	期刊	
4	岩城英規(著)	智旭の戒律思想	天台学報，通号，40 74～81（R）	1998.11.06	日	期刊	
5	釋自濬	蕅益智旭的戒律觀	香光莊嚴，57，民88.03，頁140～145	1999.03 民88.03	台灣	期刊	
6	徐聖心	晚明佛教「孝道觀」探析——以《梵網經》註釋為中心	思與言45：4，頁1～52	2007.12 ［民96.12］	台灣	期刊	
7	釋延明	藕益智旭的菩薩戒思想之研究	南華大學／宗教學研究所／碩士	2011(100)	台灣	碩論	
8	杜悅	智旭的律學思想研究	陝西師范大學碩士	2014.06.01	大陸	碩論	
9	張焱森	藕益智旭《梵網經合注》注釋方法之探析	成都理工大學學報（社會科學版）	2015.09.15	大陸	期刊	

七、「般若，《金剛經破空論》、《般若心經釋要》、《金剛經觀心釋》」

編號	作者	題目	出版社／學校／期刊	時間	地區	類別	備註
1	篠田昌宜(著)	智旭『金剛経破空論』における「応如是生清浄心」の解釈について	印度学仏教学研究，通号，119，204～207（R）	2009.12.20	日	期刊	

八、《周易禪解》

編號	作者	題目	出版社／學校／期刊	時間	地區	類別	備註
1	岩城英規(著)	智旭『周易禅解』について	印度学仏教学研究，通号，79，121～125	1991.12.20	日	期刊	
2	夏金華	蕅益大師與「周易禪解」	圓光佛學學報，創刊號，頁253～269	1993.12 民82.12	台灣	期刊	
3	唐明邦	以佛解《易》援儒證佛——讀《周易禪解》	佛學研究	1995.06.15	大陸	期刊	

4	陳堅	以佛解易　佛易一家—讀智旭《周易禪解》	周易研究	1998.11.10	大陸	期刊	
5	陳榮波	蕅益智旭《周易禪解》評介	東海大學文學院學報41，頁323～327	2000.07 民89.07	台灣	期刊	
6	陳堅	智旭對《周易·大過卦》的佛學解讀	周易研究	2002.04.20	大陸	期刊	
7	游祥洲	空與太極——略論明代蕅益大師所著《周易禪解》會通［空］與［太極］的本體論蘊涵	華梵大學第六次儒佛會通學術研討會論文集——下冊，273～286	2002.07	台灣	會議論文	
8	劉澤亮	《周易禪解》哲學智慧通觀	哲學與文化，30卷6期，頁63～78	2003.07 民92.06	台灣	期刊	
9	曾其海	智旭對天臺佛學與《周易》之會通	周易研究	2005.02.20	大陸	期刊	
10	林文彬	《易經》與佛學的交會——智旭《周易禪解》試析	興大中文學報19，頁217～229	2006.06 民95.06	台灣	期刊	
11	謝金良	易理與佛理本無二致——論《周易禪解》的思想創新	周易研究	2006.10.20	大陸	期刊	
12	Lo, Yuet-keung	Change Beyond Syncretism: Ouyi Zhixu's（蕅益智旭）Buddhist Hermeneutics of the Yijing（《易經》）	Journal of Chinese Philosophy v.35 n.2 273~295, International Society for Chinese, Philosophy Honolulu, HI, US［檀香山，夏威夷州，美國］	2008.06	美國	期刊	
13	王玲月	從《周易禪解》看生命中的時與位	玄奘人文學報8，頁1～52	2008.07［民97.07］	台灣	期刊	

14	張麗娟	視野弘博通古今心思縝密探究竟——評歷史語境中的《〈周易禪解〉研究》	宗教學研究	2008.09.15	大陸	期刊	
15	謝金良	易辭與佛法互證互通——再論《周易禪解》的思想創新	宗教學研究	2009.06.15	大陸	期刊	
16	徐恩栓	禪易圓融儒佛化——智旭《周易禪解》新論	宗教學研究	2010.03.15	大陸	期刊	
17	釋正持	智旭《周易禪解》的天臺禪觀思想	弘光人文社會學報 14，頁 1～32	2011.05 ［民 100.05］	台灣	期刊	
18	趙太極	智旭《周易禪解》之研究	南華大學／宗教學研究所／碩士	2011 （100）			
19	張韶宇	智旭佛學易哲學研究 智旭佛學易哲學研究（簡體書）	山東大學博士 巴蜀書社	2011.04.19 2013.02.01	大陸	博論 專書	
20	謝金良	易道與佛性相提并論——又論《周易禪解》的思想創新	宗教學研究	2012.03.15	大陸	期刊	
21	林文彬	智旭《周易禪解》之「四悉檀」及其釋義	興大中文學報，34 期，頁 69～100	2013.12 ［民 102.122］	台灣	期刊	
22	吳硯熙	由《周易禪解》探析蕅益以佛說易的特色	問學 18 期，頁 113～129	2014.06 ［民 103.06］	台灣	期刊	
23	張忠英	《周易禪解》的詮釋學考察	中國計量學院碩士	2014.06.01	大陸	碩論	
24	羅鈴沛	蕅益《周易禪解》會通《易》理與如來藏的本體論詮釋	中央大學人文學報，59 期，頁 1～37	2015.04 ［民 104.04］	台灣	期刊	
25	黃世福	蕅益智旭視界中的「太極」	合肥學院學報（綜合版）	2016.04.28	大陸	期刊	

26	韓煥忠	天臺家法與《周易》注疏——蕅益智旭對《周易》的佛學解讀	周易研究	2016.07.20	大陸	期刊	
27	劉正平	讀《易》三札——《訟》、《師》、《謙》卦解	中華文史論叢	2017.12.20	大陸	期刊	
28	魏后賓	蕅益智旭易學思想研究綜述	周易研究	2018.08.20	大陸	期刊	

九、《四書蕅益解》

編號	作者	題目	出版社／學校／期刊	時間	地區	類別	備註
1	林政華	蕅益祖師之論語教	華梵佛學年刊 v.6，43～55	1989	台灣	期刊	
2	羅永吉	「論語點睛」研究	中華佛學研究 1，頁 135～155	1997.03 民 86.03	台灣	期刊	
3	周玟觀	蕅益法師儒佛會通思想之研究——以《學庸直指》為例	華梵大學第四次儒佛會通學術研討會論文集，475～485	2000.05	台灣	會議論文	
4	周玟觀	蕅益法師儒經注解之思想試探	全國佛學論文聯合發表會論文集（第 12 屆）	2001.09.08	台灣	會議論文	
5	吳聰敏	從《大學直指》管窺蕅益大師演教的風格與特色（上）	明倫月刊 n.323，20～31	2002.02	台灣	期刊	
6	黃俊傑	如何導引「儒門道脈同歸佛海」：蕅益智旭對《論語》的解釋	法鼓人文學報 3，頁 5～22	2006 民 95.12	台灣	期刊	
7	蔡金昌	蕅益智旭《大學直指》初探	興大中文學報，21，頁 253～272	2007.06 [民 96.06]	台灣	期刊	
8	鄭雅芬	蕅益大師《論語點睛》探究	興大中文學報，23，期，頁 119～154	2008.06 [民 97.06]	台灣	期刊	
9	蔡金昌	蕅益智旭《中庸直指》探析	興大中文學報，23，頁 49～66	2008.06 [民 97.06]	台灣	期刊	

10	仝敏娟	蕅益智旭《中庸直指》思想研究	廈門大學碩士	2009.05.01	大陸	碩論	
11	王和群	王陽明與蕅益智旭《大學》功夫論之研究	法鼓佛學學報，頁147～187	2009.06［民 98.06］	台灣	期刊	
12	王慕飛	從蕅益智旭《論語點睛》看其儒佛融通思想	首都師范大學，碩士	2011.05.03	大陸	碩論	
13	歐陽小建	「大學」即「覺心」──論智旭對《大學》的解讀	湖北經濟學院學報（人文社會科學版）	2011.08.15	大陸	期刊	
14	曾暐傑	論蕅益智旭對四書之詮釋及其道統之重建──以《四書蕅益解》中顏回與曾子形象為核心	思辨集 15，293～313	2012.03［民 101.03］	台灣	期刊	
15	歐陽小建	藉儒家之言說佛家之理──論智旭對《大學》的佛學化解讀	理論學刊	2012.03.15	大陸	期刊	
16	饒潔琳	《四書蕅益解》儒佛會通思想研究	湖南大學碩士	2012.04.13	大陸	碩論	
17	洪燕妮	德清與智旭對《中庸》的詮釋	世界宗教研究	2012.08.15	大陸	期刊	
18	汪深娟	蕅益智旭儒學思想研究	嘉南藥理大學／儒學研究所／碩士	2014（103）	台灣	碩論	
19	李勇剛	「援儒入佛」：釋家智旭「顏子之傳」重塑道統觀的嘗試	新視野	2014.07.10	大陸	期刊	
20	黃世福	論蕅益智旭對「天命之謂性」的闡釋	重慶科技學院學報（社會科學版）	2016.11.15	大陸	期刊	
21	洪燕妮	憨山德清與蕅益智旭對《大學》的詮釋	法音	2016.01.25	大陸	期刊	
22	黃世福	蕅益智旭視界中的「格物致知」	江淮論壇	2016.05.26	大陸	期刊	

十、「性相融會」

編號	作者	題目	出版社／學校／期刊	時間	地區	類別	備註
1	詹秋香	蕅益智旭性相圓融思想之研究——以《大乘起信論裂網疏》為中心	華梵大學／東方人文思想研究所／碩士	2005（民94）	台灣	碩論	
2	王智勇	蕅益智旭融會思想之研究	貴州大學碩士	2008.05.01	大陸	碩論	
3	龔曉康	蕅益智旭性相融通論探析	宗教學研究	2013.06.15	大陸	期刊	

十一、「一念心」

編號	作者	題目	出版社／學校／期刊	時間	地區	類別	備註
1	吳苔綺（釋天禪）	知禮精簡一念心與智旭對一念心之詮釋的對比研究	南華大學／宗教學研究所／碩士	2007（96）	台灣	碩論	
2	黃鴻文	蕅益智旭「現前一念心」研究	國立中興大學／中國文學系所／碩士	2008（97）	台灣	碩論	

十二、「三學一源」、「三學關係」

編號	作者	題目	出版社／學校／期刊	時間	地區	類別	備註
1	龔曉康	智旭「三學一源」論淺析	西南民族大學學報（人文社科版）	2005.12.28	大陸	期刊	
2	李凱	蕅益智旭大師論「禪淨關係」	弘化雜誌 v.2010，n.1，（總號=n.59）	2010.02	大陸	期刊	

十三、「三教合一」、「儒佛會通」、「易佛會通」

編號	作者	題目	出版社／學校／期刊	時間	地區	類別	備註
1	姚治華	生生之易與如如之真——論智旭的三教合一思想	東南文化	1994.04.15	大陸	期刊	
2	張學智	從蕅益智旭看明代佛教的融通趨勢	中國傳統哲學新論——朱伯崑教授 75 壽辰紀念文集，北京：九洲出版社	1999.03	大陸	專書所收論文	

3	黃馨儀	釋智旭援佛解易思想研究	國立中興大學／中國文學系／碩士	2002（91）	大陸	期刊	
4	杜保瑞	蕅益智旭溝通儒佛的方法論探究	哲學與文化 30 卷 6 期，頁 79～96	2003.06 民 92.06	台灣	期刊	
5	陳進益	蕅益智旭「《易》佛會通」研究	東吳大學／中國文學系／博士	2003（92）	台灣	博論	
6	陳彥戎	蕅益智旭《周易禪解》儒佛會通思想研究	輔仁大學／中文系／博士	2006（95）	台灣	博論	
7	李秀文	蕅益智旭儒佛會通思想研究	臺北市立教育大學／中國語文學系碩士班碩士	2007（96）	台灣	碩論	
8	賴國誠	蕅益智旭以佛解儒研究——以《四書蕅益解》及《周易禪解》為中心	明道大學／國學研究所／碩士	2008（97）	台灣	碩論	
9	呂紀立	論《周易禪解》的佛易會通思想	蘇州大學碩士	2009.04.01	大陸	碩論	
10	張韶宇	智旭佛化易學的圓融之境	周易研究	2013.05.20	大陸	期刊	
11	張韶宇	三教合流視域下的智旭易學之形上學發微	貴州社會科學	2013.06.01	大陸	期刊	
12	習細平	論藕益智旭的儒佛會通思想	世界宗教研究	2013.06.15	大陸	期刊	
13	張韶宇	儒佛合流視域下的智旭易學之形上學發微	孔子學刊	2013.08.31	大陸	期刊	
14	鄧曄	《周易禪解》中的易佛會通思想研究	江西師范大學碩士	2017.06.01	大陸	碩論	
15	盧雁	蕅益智旭融匯思想研究	華東師范大學碩士	2018.04.19	大陸	碩論	
16	洪修平	明代四大高僧與三教合一	佛學研究	1998.06.15	大陸	期刊	
17	麥砢項宇	智旭佛易哲學思想研究述論	山西大學學報（哲學社會科學版）	2018.03.15	大陸	期刊	

十四、「明末四大高僧」

編號	作者	題目	出版社／學校／期刊	時間	地區	類別	備註
1	潘桂明	晚明「四大高僧」的佛學思想	五臺山研究	1994.12.30	大陸	期刊	
2	陳堅	晚明「四大高僧」禪教關系論比較	五臺山研究	1998.11.30	大陸	期刊	
3	華方田	明代佛教及明末四大高僧	佛教文化	2004.06.01	大陸	期刊	
4	釋見曄	明末佛教發展之研究：以晚明四大師為中心	法鼓文化	2006.12.01	台灣	專書	
5	熊江寧	晚明四大師之禪淨關系論	佛學研究期刊	2018.07.31	大陸	期刊	

十五、《閱藏知津》、《法海觀瀾》

編號	作者	題目	出版社／學校／期刊	時間	地區	類別	備註
1	陳士強	《閱藏知津》要解（上）	法音	1987.03.02	大陸	期刊	
2	陳士強	《閱藏知津》要解（下）	法音	1987.04.01	大陸	期刊	
3	古國順	智旭法師及其閱藏知津	慧炬 137／138，頁 6～14	1975 民 64.09.10	台灣	期刊	
4	黃怡婷	釋智旭及其《閱藏知津》之研究	華梵大學／東方人文思想研究所／碩士	2004（93）	台灣	碩論	
5	篠田昌宜（著）	智旭の『閱藏知津』における宗密『禅源諸詮集都序』批判について	印度学仏教学研究，通号，116，84～87（R）	2008.12.20	日	期刊	
6	楊之峰	智旭《閱藏知津》對佛經目錄的改革	圖書情報工作	2009.01.10	大陸	期刊	

十六、「其他（不屬上述書籍研究及主題者）」

編號	作者	題目	出版社／學校／期刊	時間	地區	類別	備註
1	弘如	淨宗九祖蕅益大師四念處培養道心偈	羅漢菜 n.29，9～10，民國佛教期刊文獻集成 v.88 本文收錄於黃夏年主編，2006年出版之《民國佛教期刊文獻集成》v.88，p.93～94，2 面，據《羅漢菜》n.29，p.9～10 原刊影印。		大陸		
2	中山正晃（著）	智旭の仏教観	印度学仏教学研究，通号，42，285～288	1973.03.31	日	期刊	
3	釈（張）聖厳（著）	智旭の著作にあらわれた人びとの系譜	印度学仏教学研究，通号，43，285～290	1973.12.31	日	期刊	
4	釋青峰	蕅益大師山居詩之園林思想	佛教文化學報 n.5，11～30	1976.10.01	台灣	期刊	
5	鎌田茂雄（著）	張聖厳著『明末中国仏教の研究ー特に智旭を中心として』東京：山喜房書林，1975	鈴木学術財団研究年報，通号，12／13，138～140（L）	1976.10.20	日	期刊	
6	維思	明代天目山大和尚——蕅益大師（智旭）	浙江月刊 v.10，n.12，14～15	1978.12	台灣	期刊	
7	陳英善	蕅益智旭大師修學心路歷程之探索－上－	獅子吼 33：1，頁 8～14	1994.01 民 83.01	台灣	期刊	
8	陳英善	蕅益智旭大師修學心路歷程之探索－下－	獅子吼 33：2，頁 14～20	1994.02 民 83.02	台灣	期刊	
9	陳英善	蕅益智旭思想的特質及其定位問題	中國文哲研究集刊 8，頁 227～256	1996.03 民 85.03	台灣	期刊	
10	林淑玟	老實念佛人：蕅益大師——高僧小說系列 33	法鼓文化	1998.04.01	台灣	專書	小說

11	釋見曄	以蕅益智旭為例探究晚明佛教之「復興」內涵	中華佛學研究3，頁 207～250	1999.03 民88.03	台灣	期刊	
12	釋宗舜	〈蕅益大師《靈峰宗論》刪改問題初探論〉	禪學研究（第四輯）／賴永海主編(南京市:江蘇古籍出版社）	2000.08	大陸	期刊	
13	黃耀傑	蓮宗九祖：蕅益大師 《佛教高僧漫畫全集》	佛光出版社	2002.01.01	台灣	專書	漫畫
14	謝金良	也談蕅益智旭《靈峰宗論》刪改問題	宗教學研究	2005.06.30	大陸	期刊	
15	謝金良	明末高僧蕅益智旭生平事實考辨	宗教學研究	2006.03.30	大陸	期刊	
16	戴繼誠	晚明佛教：短暫的輝煌與深遠的影響	宗教學研究	2006.09.30	大陸	期刊	
17	周曉薇	蕅益大師傳	佛光出版社	2007.08.01	台灣	專書	小說
18	盧毅	藕益智旭《辟邪集》評析	阜陽師范學院學報(社會科學版）	2007.09.20	大陸	期刊	
19	涂茂奇	寓教於樂——試談蕅益大師的「選佛圖」	明道通識論叢 4期，頁 5～22	2008.05［民97.05］	台灣	期刊	
20	Foulks, Beverley	Duplicitous Thieves: Ouyi Zhixu's Criticism of Jesuit Missionaries in Late Imperial China	中華佛學學報21，頁 55～75	2008.07［民97.07］	台灣	期刊	
21	保賢	讀梵室偶談	普門學報 46，頁377～383	2008.07［民97.07］	台灣	期刊	
22	Jones, Charles B.（著）＝周文廣（au.）	Pì xiè jí 闢邪集：Collected Refutations of Heterodoxy by Ouyi Zhixu(蕅益智旭，1599～1655）	Pacific World: Journal of the Institute of Buddhist Studies n.11 Third Series351~408 Institute of Buddhist Studies Berkeley, CA, US［伯克利，加利福尼亞州，美國］	2009		期刊	

23	謝成豪	明蕅益大師著述繫年	東吳中文線上學術論文5，頁1～47	2009.03［民98.03］	台灣	期刊	
24	王和群	蕅益智旭的罪感心理之探析	成大宗教與文化學報12，頁67～80	2009.06［民98.06］	台灣	期刊	
25	聖嚴法師	明末中國佛教之研究	法鼓文化	2009.12.01	台灣	專書	
26	釋慈滿、黃公元主編	靈峰蕅益大師研究（簡體書）	宗教文化出版社	2011.05.01	大陸	專書	論文集，收54篇論文
27	李廣德	新發現的蕅益智旭茶詩六首	農業考古	2011.10.30	大陸	期刊	
28	羅琤	《靈峰宗論》刪節問題研究——以《淨信堂初集》為中心	圖書館雜誌	2011.09.15	大陸	期刊	
29	廖肇亨	一卷殘經且自劬——八不道人蕅益智旭	人生雜誌社n.350，104～107	2012.10.02	台灣	期刊	
30	邱高興	藕益智旭《靈峰宗論》的成書與刪改考辨	浙江社會科學	2014.06.15	大陸	期刊	
31	張韶宇	智旭禪論疏釋	宗教學研究	2014.09.15	大陸	期刊	
32	鍾媄媜（釋証煜）	蕅益智旭死亡書寫研究	國立中正大學／中國文學研究所／博士	2016.07（105.07）	台灣	博論	
33	任健	智旭佛教話語下的陽明心學	貴陽學院學報（社會科學版）	2015.10.15	大陸	期刊	
34	黃世福	蕅益智旭的孝道觀	理論建設	2015.10.28	大陸	期刊	
35	李瑛	儒佛會通與蕅益大師的藝術思想	美育學刊	2015.07.20	大陸	期刊	
36	高芳	蕅益智旭的信仰論	遼寧大學碩士	2016.05.01	大陸	碩論	
37	趙俊勇	蕅益大師與靈峰寺及靈峰派	新西部（理論版）	2016.02.20	大陸	期刊	
38	鄭利鋒	從「南京教案」到《辟邪集》	武漢大學碩士	2017.05.01	大陸	碩論	

39	李利安	佛教「靈峰派」的定位及歸屬問題新議	西北大學學報（哲學社會科學版）	2018.11.15	大陸	期刊	
40	釋慈滿、黃公元主編	蕅益大師與靈峰派研究（簡體書）	宗教文化出版社	2019.01	大陸	專書	論文集，收 49 篇論文

附錄二：「《淨信堂初集》、《絕餘編》和《宗論》全文目錄比較表」

	淨信堂初集　絕餘編			靈峰宗論
淨信堂初集				
卷一	四十八願	天啟元年辛酉7月30日	卷一　之一	四十八願
願文（上）	受菩薩戒誓文	天啟四年甲子12月22日	願文一	受菩薩戒誓文
	刺血書經然香願文	崇禎元年戊辰秋7月29日		刺血書經願文（戊戌）
	書佛名經然香迴向文	崇禎元年季冬15日		書佛名經回向文
	為雪航檝公講律刺血書願文	崇禎己巳春正月十五日		為雪航檝公講律刺血書願文
	發心持呪然香文	崇禎二年二月廿九日		持呪先白文
	禮大報恩塔偈（同然香者一十五眾）			禮大報恩塔偈（同然香者一十五眾）
	為母三周求拔濟啟	崇禎二年六月初一		為母三周求拔濟啟
	為母然香發願回向文	崇禎二年六月初一		為母發願回向文
	禮慈悲懺疏	崇禎二年七月十二日		
	持準提神呪願文			持準提神呪願文

	淨信堂初集　絕餘編			靈峰宗論
	禮大悲銅殿偈			禮大悲銅殿偈
	然香起呪文			起呪文
	己巳除夕然香文	崇禎二年除夕		己巳除夕白三寶文
	庚午二月禮懺總疏			閱律禮懺總別二疏（庚午）
	又然香文			閱律禮懺總別二疏（庚午）
	為歸兄乃翁禮懺疏	崇禎三年二月中		
	庚午安居論律香文			安居論律告文
	為母四周然香文			為母四周願文
	為父十二周年啟薦拔文			為父十二周年求薦拔啟
	結壇水齋持大悲呪願文（崇禎三年庚午）	崇禎三年庚午十一月初五日		結壇水齋持大悲呪願文（十一月初五日）
	為父然香回向文			為父回向文（日月同上）
	為惺谷持呪發願偈			
	楞嚴壇起大悲呪偈（崇禎四年辛未五月初六日）	崇禎四年辛未五月初六日		棱嚴壇起呪及回向二偈（辛未）
	為惺谷作誡語誓	五月十七日		
	為道友持滅定業真言偈	六月三十日		
	為新伊法主持咒偈（名大真）			
	為五人持咒偈			
	為惺谷懺願文			
	然香迴向普發願偈			棱嚴壇起呪及回向二偈（辛未）
	為雪航持咒偈			
	續持回向偈（壬申正月初八日）	壬申正月初八日		續持回向偈
卷二	龍居禮大悲懺然香文	壬申二月十九日	卷一　之二	龍居禮大悲懺文（壬申）
願文（下）	靈峰寺為惺壁二友及石峨禮懺文		願文二	
	結壇持大悲呪偈（壬申四月十五日）	壬申四月十五日		結壇持大悲呪偈
	結壇持往生呪偈（壬申五	壬申五月十		結壇持往生呪偈

	淨信堂初集　絕餘編			靈峰宗論
	月十六日）	六日		
	結壇念佛回向文	六月二十二日		結壇念佛回向文
	禮金光明懺文（八月初八日）	八月初八日		
	又完懺香文（十四日）	十四日		
	結壇禮大悲懺文（九月十六日）	九月十六日		結壇禮大悲懺文
	補總持疏（八月二十六日起）			補總持疏
	為父母普求拯拔啟			為父母普求拯拔啟
	再禮金光明懺文（十月）	十月		再禮金光明懺文
	結壇禮懺並回向補持呪文			結壇禮懺並回向補持呪文
	龍居禮大悲懺文(十一月）	十一月		
	又然香願文（十二月）	十二月		禮大悲懺願文
	禮淨土懺文（癸酉正月）	癸酉正月		禮淨土懺文（癸酉）
	西湖寺癸酉夏安居疏			西湖寺安居疏
	供鬮香文			前安居日供鬮文
	拈鬮然頂香文（自恣日）			自恣日拈鬮文
	禮淨土懺香文（八月二十九日）			禮淨土懺文
	禮金光明懺香文（甲戌三月二十九日）	甲戌三月二十九日		禮金光明懺文（甲戌）
	講金光明懺香文（乙亥二月）	乙亥二月		講金光明懺告文（乙亥）
附	代惺谷願文			
	代沙彌傳鉅傳挺傳偉願文			
	代石雲願文			
	代敬水求戒願文（大報恩前然香）			
	代松韻願文（大報恩前然香）			
	代一還願文			
	代智度願文			
絕餘編	九華地藏塔前願文（丙子三月初九）	丙子三月初九	卷一　之三	九華地藏塔前願文（丙子三月）
卷一　願文	十周願文（六月初一日）	六月初一日	願文三	十周願文（六月初一日）

	淨信堂初集　絕餘編			靈峰宗論
	持呪香文（六月十四日）	六月十四日		持呪文
	閱藏願文（六月十九日）	六月十九日		閱藏願文
	完梵網香文（丁丑三月初七）	丁丑三月初七		完梵網告文（丁丑）
	滅定業真言呪壇一百十日圓滿然香懺願文（丁丑）	丁丑		滅定業呪壇懺願文
				陳罪求哀疏（戊寅）
				為如是師六七禮懺疏（己卯）
				盂蘭盆大齋報恩普度道場總別合疏（己卯）
			卷一　之四	鐵佛寺禮懺文（壬午）
			願文四	甲申七月三十日願文
				佛菩薩上座懺願文
				大悲行法道場願文（乙酉五月初三日）
				禮千佛告文
				祖堂結大悲壇懺文
				占察行法願文（丙戌）
				大悲壇前願文
				閱藏畢願文（甲午九月初一日）
				大病中啟建淨社願文（十二月十三日）
淨信堂初集	雨窗同印海方丈談	卷二之一	法語一	示印海方丈
卷三　法語	示汪居士			
	示成遠號邃徵			
	示法源			示法源
	示初平三學			示初平
	示陳受之			示陳受之
	示萬無懷			
	示郎上應			
	示羅性嚴			示羅性嚴
	示沈驚百			示沈驚百
	示沈清彥			示沈清彥
	書范明啟扇頭			示范明啟

	淨信堂初集　絕餘編			靈峰宗論
	書沈清彥扇頭			
	示德輶			
	示無雲			示王稺炎
	示王稺炎			示無雲
	示夢西			示夢西
	書方暉元扇頭			示方暉元
	書窮玄扇頭			
	示攝三聽講			示攝三
	示律堂大眾			示律堂大眾
	示存朴			示存朴
	示圓珠鈺沙彌			
	示萬韞玉			示真學（跟初集的示萬韞玉是同一篇內容）
	示萬韞玉			示萬韞玉
	示王簡在			示王簡在
	示大圓庵緇素			
	示方冰壺			
	示王心葵			示王心葵
	示張司杓			
	示廣戒侍者法號佛因			示廣戒
	示慧含沙彌			示慧含
	示定西			示定西
	示恒心			
	示一念			示一念
	示曉存聖天二沙彌			
	示元白			示元白
	書法雨扇頭			示法雨
	書野儀扇頭			
	書西瞻扇頭			示西瞻
	書洞微扇頭			
	書生忍扇頭			
	示費智瀾			示費智瀾
	示慈門			示慈門
	示紹玄			

	淨信堂初集　絕餘編			靈峰宗論
	示彭雙泉			示彭雙泉
	示邵伯誠			
	（示邵伯誠）又			
	示象巖			示象巖
	示周洽號法幢			
	示韞之			示韞之
	示閱藏四則為慧幢徹因二比丘說			示閱藏四則
絕餘編	示朗融			示朗融
卷二　法語	示三止			示三止
	示文約			示文約
	示慧幢上座			示慧幢
	示未能			示未能
	示慈昱			示慈昱
	示迦提關主			示迦提
	示乳生			示乳生
	又示乳生			
	示懸鏡			示懸鏡
		卷二之二	法語二	示靖玄
				示玄闇二則
				示惟淡
				示惟默
				示晦涵
				示未一
				示汛如
				示庸菴
				示密詣
				示元印
				示念日
				示非幻
				示本光
				示淨禪
				示漢目
				示毓悟

	淨信堂初集　絕餘編			靈峰宗論
				示解天
				示元賡
				示緒竺
				示映竺
				示鏡衷
				示遙集
				示沐苑
				示郭太爵
				示靖開
				示靖聞
				示郭善友
		卷二之三	法語三	示新枝
				示潘拱宸
				示惺白
				示宋養蓮
				示陸喻蓮
				示彙宗
				示可生
				示素風
				示行恕
				示吳而上
				示淨堅優婆夷
				示徐仲弢
				示方爾階
				示王思湖
				示張子歲
				示夏恕菴
				示自若
				示巨方名照南
				示聞覺
				示爾階
				示世聞
				示未學
				示智可

	淨信堂初集　絕餘編			靈峰宗論
				示宇泊
				示恒慈
				示七淨
				示藥幢
				示達心
				示劉今度
				示穎生
				示馬堯都
				示玄著
				示爾先
				示清聞
				示松石
				示蒼牧
				示聽月
				示自天
				示日唯
				示開一
		卷二之四	法語四	示曇生方丈
				示智林
				示旭生
				示明一
				示屆達
				示大觀
				示幽若
				示石友
				示無己
				示卓飛
				示止生
				示恒素
				示見徹
				示淨鄉
				示劉詣昭
				示朗然
				示如白

	淨信堂初集　絕餘編			靈峰宗論
				示莫允臣
				示朝徹
				示雪林
				示王亦含
				示六度
				示養德
				示予正
				示庸菴
				示明西
				示謝在之
				示昝慧
				示不岐
				示爾介
				示夏蓋臣
				示蔡二白
				示李剖藩
				示石耕
				示語幻
				示聖可
				示證心
				示靈奕
				示講堂大眾並註
		卷二之五	法語五	示王夢回名淨醒
				示范得先
				示葉天紀
				示巨方
				示蒼雲
				示朱震暘
				示西池
				示何德坤
				示念佛社
				示閔周擬
				示閔大飛二則
				示戒心

	淨信堂初集　絕餘編			靈峰宗論
				示吳景文
				示如母
				示用晦二則
				示明記
				示馬太昭
				示六正
				示清源
				示九牧法主
				示吳允平
				示吳劬菴
淨信堂初集	荅卓左車彌陀疏鈔二十四問（原問附）	宗論卷三之一	答問	荅卓左車彌陀疏鈔三十二問（原問附）
卷四　答問	續荅卓居士十問(原問附）			
	荅印生四問（原問附）			荅印生四問（原問附）
	擬答劉心城又問博山四條（附原書）			代荅劉心城又上博山四問（原問博山書附）
	擬荅忘所書（原問博山柬附）			擬荅忘所上博山書問（原問博山柬附）
	續與所忘往來諸柬			
	擬荅白居易(問在林間錄）			擬荅白居易問寂音禪師書（問在林間錄）
淨信堂初集	批印生駁問答語			
卷七　雜文	總批印生擬答三問			
	批印生懺悔文			
	評參究初心方便說			荅人問參究初心方便說
	批德輶懺悔文			
	批晦文懺悔文			
	又批寄泉州			
	為石峨舉火文			
	代法華會約			

	淨信堂初集　絕餘編			靈峰宗論
				荅菩薩戒九問（原問附）
				荅黃樨谷三問（原問附）
				荅陳弘袞二問（原問附）
				荅元賡問
				荅鄧靖起三問
				荅淨性三問（原問附）
				荅淨塵問（原問附）
		宗論卷三之二	荅問	荅張叔韓問
				荅敷先問
				荅庸菴二問
				荅湛持公三問（原問附）
				壇中十問十荅（有引）
				續一問荅
				性學開蒙荅問（即壇中第四問廣荅）
		宗論卷三之三	荅問	荅大佛頂經二十二問（原問附）
				教觀要旨荅問十三則（原問附）
				荅徐仲弢問
				荅何二華問
				荅比丘戒五問（原問附）
				荅唐宜之問書義（有引）
				荅成唯識論十五問（原問附）
				荅準提持法三問(原問附）
				法華堂第三第四二問並荅（餘見頌中）
		宗論卷四之一	普說	祖堂幽棲寺丁亥除夕普說
				歙西豐南仁義院普說
				歙浦天馬院普說
淨信堂初集	擬答卓左車茶話（原問博山啟附）	宗論卷四之一	茶說	荅卓左車茶話（原問博山啟附）
卷四　答問				示念佛法門
				示念佛三昧
				除夕荅問

	淨信堂初集　絕餘編			靈峰宗論
				為大冶
				辛卯除夕茶話
		宗論卷四之二	說	作法說
				妙安說
				謙光說
				孝聞說
				洗心說
				慈濟說
				念佛三昧說
				孕蓮說(亦名求生淨土訣)
				陳子法名真朗法號自昭說
				法器說
				聖學說
				文最說
				藏野說
				恥菴說
				柴立說
				荼毘說
				持名念佛歷九品淨四土說
淨信堂初集	戒婬文	宗論卷四之二	文	戒婬文
卷七　雜文	攝心為戒文			
				勸戒殺文
				惠應寺放生社普勸戒殺念佛文
		宗論卷四之三	偶錄一	梵室偶談（共五十五條）
				偶書二則
				閱陽明全集畢偶書二則
				偶書二則（二）
				山客問荅病起偶書
		宗論卷四之三	解	致知格物解（約佛法為唐宜之說）
				藏性解難五則
淨信堂初集	寄母親書	宗論卷五之一	書一	寄母
卷六　書簡	寄剃度雪嶺老師			寄剃度雪嶺師

	淨信堂初集　絕餘編			靈峰宗論
	問茂林律主			荅茂林律主
	（問茂林律主）又			
	復卓左車（來柬附）			
	（復卓左車）又（來柬附）			
	寄雪航楫公			
	答智隆泰公			荅志隆(二篇答志隆合一)
	寄博山無異師伯			荅博山無異師伯
	寄了因			寄了因
	與曹源洵公			與曹源三書（其一）
	與歸一兄			
	寄壁如兄			寄壁如兄
	寄韓君博君起二居士			
	與覺源法主			
	寄大參劉心城			
	寄歸一兄			寄歸一兄
	與曹源			
	與瑩然			與瑩然
	答瑩然（附來柬）			
	與水林			荅水林二書（其一）
	復曹源			
	（復曹源）又			與曹源三書（其二）
	（復曹源）又			
	與新伊法主			
	寄不忘			寄不忘
	與攝三			與攝三
	與水林			
	與如是兄			與如是兄
	與壁如兄			
	柬新依法主			
	上古師			
	寄文學陳旻昭			寄陳旻昭二書（其一）
	寄金葉			
	與韓蓮洲居士			與韓蓮洲
	與曹源			與曹源三書（其三）

	淨信堂初集　絕餘編			靈峰宗論
	復水林			荅水林二書（其二）
	（復水林）又			
	復玉顥			
	寄韓蓮洲居士			
	寄修雅法主			寄修雅法主
	寄唵嚂公			
	寄文學陳旻昭			
	寄邵僧彌居士			
	寄志隆泰公			荅志隆(二篇答志隆合一)
	復程季清居士			荅程季清
	復圓聞			復圓聞
	復曹源洵公			荅曹源二書（其一）
	復程權可居士			
	寄文學萬韞玉			寄萬韞玉
	又復萬韞玉			
	寄文學沈九申			
	寄文學王簡在			寄王簡在
	寄潘戒如居士			寄潘戒如
	寄蓮勺			
	寄文學陳旻昭			寄陳旻昭二書（其二）
	與水部胡遠志			與胡遠志
	與修雅法王			
	復文學沈九申			
	與曹源洵公			
	寄金陵諸友			
	寄志隆			
	寄如是兄			
	寄文學徐雨海			
	寄闍梨古德師			
	復剃度雪嶺師			
	寄一門陳旻昭			
	復程子超居士			
	寄志隆泰公			
	寄灌虛大德			

	淨信堂初集　絕餘編			靈峰宗論
	復文學王元建			
	寄金臺法主			寄金臺師
	與茂林律主			
	（與茂林律主）又			
	復曹源洵公			荅曹源二書（其二）
	復雪航檝公			
	寄文學陳旻昭			
	復曹源洵公			
	與戒明			與戒明
	上闍梨古德師			上闍梨古德師（放在書的第二個）
	復靈隱兄			復靈隱兄
	與程季清居士			
	復大理錢元沖			復錢元沖
	囑徹因比丘（並七條）			囑徹因比丘
絕餘編卷三書柬	復水部胡善住			復胡善住
	復韓蓮洲			
	復卓左車			復卓左車
	復陳旻昭			復陳旻昭二書（其一）
	復智龍			復智龍
	寄徐雨海			寄徐雨海
	再復陳旻昭			
	又寄陳旼昭			復陳旻昭二書（其二）
	寄韓蓮洲			
	寄靈隱兄兼訊影渠			寄靈隱兄
	復項居士			復項淨性
				寄徐雨海
				寄徹因大德
				寄恆如
				與非幻
				復淨禪
				寄王東里
				寄雪航法主

	淨信堂初集　絕餘編			靈峰宗論
				復鄧靖起
				寄程用九
				與行恕
				與緒竺
				復王思皷
				與永覺禪師
				與周洗心
		宗論卷五之二	書二	簡韓茂貽
				復九華常住
				與王季延
				與忍草
				復吳聿修
				復閻淨土
				與智龍
				與體境
				寄丁蓮侶
				復轉依
				復程用九
				寄善超
				寄王古學
				與沈甫受甫敦
				與聖可
				與了因及一切緇素
				與沈敬園
				復韓朝集
				復唐宜之
				荅蓮勺
				荅韓服遠
				復張中柱
				復陳旻昭
				復導關
				復達戒
				復松溪法主
				與唐宜之

	淨信堂初集　絕餘編			靈峰宗論
				荅唐宜之二書
				寄達月法主
				與見月律主
				與劉純之
				復張中柱
				寄錢牧齋
				復錢牧齋
淨信堂初集	參究念佛論	宗論卷五之三	論	參究念佛論
卷四　論	慈悲緣苦眾生論			慈悲緣苦眾生論
	非時食戒十大益論			非時食戒十大益論
				念佛即禪觀論
		宗論卷五之三	辯	戒衣辯譌
				法派稱呼辯
		宗論卷五之三	議	儒釋宗傳竊議（有序）
淨信堂初集	介石居記	宗論卷五之三	記	介石居記
卷五　記	重修寄心庵記			
				遊鴛湖寶壽堂記
				端氏往生記
				祖堂幽棲禪寺大悲壇記（并銘）
				祖堂幽棲禪寺藏經閣記
				明慶寺重建殿閣碑記
淨信堂初集	毗尼事義集要緣起	宗論卷第六之一	緣起	毗尼事義集要緣起
卷五　記	靈峰寺淨業緣起			靈峰寺淨業緣起
	重定選佛圖緣起			
	重訂四教六即圖緣起			
	八關戒齋勝會緣起			八關戒齋勝會緣起
	退戒緣起並囑語			退戒緣起並囑語
				化持地藏菩薩名號緣起
淨信堂初集				成唯識論觀心法要緣起
卷五　序	女科要領序	宗論卷第六之一	序一	
	尚友錄序			尚友錄序
	廣孝序贈旻昭居士			廣孝序

	淨信堂初集　絕餘編			靈峰宗論
	長干寶塔放光序（並讚）			長干寶塔放光序
	五戒持犯考序			
	沙彌持犯考序			沙彌持犯考序
	大比丘持犯考序			大比丘持犯考序
	淨社小序			
	刻淨土懺序			刻淨土懺序
	雲麓居士持金剛經序			雲麓居士持金剛經序
	刻寶王三昧念佛直指序			刻寶王三昧念佛直指序
	印月禪人禁足閱台藏序			印禪人閱台藏序
	律要三集總序			
	寓菴序			寓菴序
	刻三教聖經序			
	修淨土懺並放生社序			修淨土懺並放生社序
	聞修社序			聞修社序
	靈隱禪兄行邊草序			
	淨信堂初集序			安居止觀山房序
				絕餘編自序
				勸持大佛頂經序
絕餘編卷三序	梵網合註自序	宗論卷第六之二	序二	勸持梵網心地品
	讚禮地藏菩薩懺願儀後自序			化持大佛頂神呪序
	安居止觀山房序			周易禪解自序
	絕餘編序			大佛頂經玄文後自序
				悅初開士千人放生社序
				贈衍如兄序
				贈純如兄序
				刻惺谷禪師筆語序
				閩遊集自序
				入法界序（贈程季清）
				贈調香居士序
				觀泉開士化萬人畢生念佛同生淨土序
				能乘所乘序
				惠應寺放生蓮社序

	淨信堂初集　絕餘編			靈峰宗論
		宗論卷第六之三	序三	重刻破空論自序
				楊輔之乞金剛集解序
				重刻大佛頂經玄文自序
				刻大乘止觀釋要自序
				警心居士持地藏本願經兼勸人序
				贈石淙掩關禮懺占輪相序
				安居止觀山房序
				絕餘編自序
				勸持大佛頂經序
				勸持梵網心地品
				化持大佛頂神呪序
				緣居序
				蓮漏清音序
				重刻成唯識論自考錄序
				廬山香爐峰重結蓮社序
				勸念豆兒佛序
				放生社序
				刻重訂諸經日誦自序
				悲華經序
				成唯識論遺音合響序
				孟景沂重刻醫貫序
				淨信堂續集自序
		宗論卷第六之四	序四	贈劉今度序
				贈張興公序
				金剛經偈論疏註序
				金剛般若會義序
				西方合論序
				台宗會義自序
				重治毗尼事義集要自序
				重刻寶王三昧念佛直指序
				偶拈問荅自序
				贈鄭完德念佛序

	淨信堂初集　絕餘編			靈峰宗論
				鄭千里老居士集序
				江寧紀賑後序
				維摩經提唱略論序
				楞伽義疏後自序
				刻較正大阿彌陀經後序
				合刻彌陀金剛二經序
				鮑性泉天樂鳴空集序
				西有寱餘自序
				選佛譜自序
				裂網疏自序
				幻遊襍集自序
				閱藏知津自序
				法海觀瀾自序
淨信堂初集				幻住襍編自序
卷五　題跋	題對峰禪師血書受戒文後	宗論卷第七之一	題跋	題對峰禪師血書受戒文後
	刻十二頭陀經跋			刻十二頭陀經跋
	血書經品跋			血書經品跋（為鉅沙彌）
	巢松法主手卷跋			
	水新居士持金剛經跋			水心持金剛經跋
	刻校正梵網上下跋			刻校正梵網上下跋
	刻頭陀遺教二經跋			刻頭陀遺教與梵網同帙跋
	血書法華經跋			寄南開士血書法華經跋
	雲麓居士持金剛經跋			雲麓居士持金剛經跋
				白牛十頌自跋
				重定授菩薩戒法自跋
絕餘編卷三題跋	合註跋語			梵網合註自跋
	題書			
	題等韻			
	積如開士刻般若照真論跋			積如開士刻般若照真論跋
	血書法華經跋			血書法華經跋
				蘊謙書法華經跋
				願彌血書法華經跋

	淨信堂初集　絕餘編			靈峰宗論
				達權書法華經跋
				三學血書華嚴經跋
				法華綸貫自跋
				妙玄節要自跋
				題若水關主手卷
				題至孝回春傳
				題獨省編
				觀泉開士血書法華經跋
				蓮洲書佛頂經跋
				題靈異襍錄
				搉古題辭
				毘舍浮佛偈跋
				血書金剛經跋
				題牧牛圖
				重刻三頌自跋
				性學開蒙自跋
				遺教解自跋
				彌陀要解自跋
				周易禪解自跋
				唯識心要自跋
				書慈濟法友托鉢養母序後
		宗論卷第七之二	題跋二	貝林師書大佛頂經跋
				題玉浪施茶冊
				憨大師書唐修雅法師聽法華經歌跋
				十大礙行跋
				唐氏女繡金剛經跋
				去病公書大佛頂經
				四十八願卷跋
				張興公喬梓梅花詠借題
				法華會義自跋
				占察疏自跋
				菩薩戒本經箋要自跋

	淨信堂初集　絕餘編			靈峰宗論
				金剛經跋
				題畫
				題邵石生集陶近體三則
				題鐵心橋冊
				題之菴凍雲圖
				恆正上座受持朱元介所書經跋
				題樂愚尊宿付囑朱本蓮十八高賢卷
				余一素居士楷書華嚴大典跋
				西有寱餘自跋
				較定宗鏡錄跋四則
				裂網疏自跋
				吳大年居士書法華經跋
				書吳孟開居士泊岸卷後
				書知足歌後
淨信堂初集	化持滅定業真言一世界數莊嚴地藏聖像疏	宗論卷第七之三	疏	化持滅定業真言一世界數莊嚴地藏聖像疏
卷七　疏	棟梁大廈疏			
	靈谷寺修護塔房疏			
	棲霞圓滿道場疏			
	萬壽庵募藏經閣疏			
	萬壽庵募置蘆州疏			
	書法寶疏			
	造毘盧尊像疏			造毘盧佛像疏
	寫書本大藏疏			寫書本大藏疏
	圓滿雜華道場疏			
	吉祥院修建禪堂疏			
	又募萬人緣榜			
	化齋十萬八千僧疏			
	刺血書華嚴經疏			刺血書華嚴經疏
	永慶寺平治道塗疏			永慶寺平治道塗疏
	靈巖寺請藏經疏〈辛未季冬〉			靈巖寺請藏經疏

	淨信堂初集　絕餘編			靈峰宗論
	化念阿彌陀佛同生淨土疏			化念阿彌陀佛同生淨土疏
	象巖禪人化齋十萬八千僧疏			象巖禪人化齋十萬八千僧疏
	募刻校正梵本諸大乘經疏			募刻校正梵本諸大乘經疏
	化鐵地藏疏			化鐵地藏疏
	五蘊禪人掩關化供給疏			五蘊禪人掩關化供給疏
	涵白關主禮懺持呪募長生供米疏			涵白關主禮懺持呪募長生供米疏
	玄素開士結茅修止觀助緣疏			玄素開士結茅修止觀助緣疏
	刻占察經疏並行法助緣疏			刻占察行法助緣疏
	西蓮庵建淨土懺懺並塑地藏聖像疏			
絕餘編卷三疏	萬鉢緣疏			萬鉢緣疏
	蘊空精舍募建華嚴閣疏			蘊空精舍募建華嚴閣疏
	海燈油疏			海燈油疏
	芙蓉閣建華嚴期疏			九華芙蓉閣建華嚴期疏
	九華山營建眾僧塔疏			九華山營建眾僧塔疏
	止觀山房改向文疏			
		宗論卷第七之四	疏二	募造敬字菴疏
				淨然沙彌化念佛疏
				忍草沙彌化念佛疏
				建盂蘭盆會疏
				敷先開士守龕助緣疏
				善生開士飯僧功德疏
				重修觀音菴疏
				大悲圓行疏
				結社修淨業兼閱華嚴大鈔助緣疏
				募刻憨山大師全集疏
				廬山五乳峰法雲寺重造大殿疏
				念荳兒佛疏
				金陵三教祠重勸施棺疏

	淨信堂初集　絕餘編			靈峰宗論
				水陸大齋疏
淨信堂初集	瑞光了一源禪師傳	宗論卷第八之一	傳	瑞光了一源禪師傳（並贊）
	西指抱一粹沙彌傳			
卷四　傳	武林萬安雲禪師傳			武林萬安雲禪師往生傳
	吳興智福優婆夷往生傳			吳興智福優婆夷往生傳（並贊）
	新都汪二隨居士傳			
	松陵鑒空寧禪師傳			松陵鑒空寧禪師傳
絕餘編卷二傳	璧如惺谷二友合傳			璧如惺谷二友合傳（並贊）
				誦帚師往生傳
				自觀印闍梨傳
				妙圓尊者往生傳（並贊）
				蓮居菴新法師往生傳
				新安程季清傳（並贊）
				影渠道山二師合傳
		宗論卷第八之二	壽序	壽延壽院新伊法師六袠序
				壽莊母道昭優婆夷蘇碩人八袠序
				壽陳旻昭居士六袠序
				壽張幼仁五袠序
				壽優婆夷馬母宋太碩人七袠序
				壽車母牛碩人八袠暨次公居士六袠序
				樂如法姪四十壽語
				祝沈母張碩人節壽序
				壽姚廣若居士三袠序
				壽新伊大法師七袠序
				達源禪宿六袠壽序
				白法老尊宿八袠壽序
				預祝乾明公六十壽序
		宗論卷第八之三	塔誌銘	樵雲律師塔誌銘

	淨信堂初集　絕餘編			靈峰宗論
				紫竹林顓愚大師爪髮衣鉢塔誌銘
淨信堂初集	然香供無盡師伯文	宗論卷第八之三	祭文	然香供無盡師伯文
卷七　雜文	弔不忘文			弔不忘文
絕餘編卷三雜文	弔溫陵開元寺肖滿師伯文			
	弔知白文			
				奠影渠靈隱二兄文
				祭顓愚大師爪髮衣鉢塔文
				祭在庸維那文
				祭了因賢弟文
				寄奠新伊大法師文
		宗論卷第九之一	頌一	大方廣佛華嚴經頌一百首（並序）
				大佛頂首楞嚴經二十五圓通頌三十一首（並序）
				妙法蓮華經品頌三十三首（並序）
淨信堂初集卷七頌	白牛十頌	宗論卷第九之二	頌二	白牛十頌
				頌仰荅高峰大師六問六首
				三觀蓮華頌
				北天目靈峰寺二十景頌
				自頌法華堂問荅六首
				自頌除夕問荅二十首
				頌荅如母問二首
				禮舍利塔頌
淨信堂初集卷七銘	梵網室銘	宗論卷第九之二	銘	梵網室銘
	德林座右銘			德林座右銘
	淨社盟（糾我同志易銘為盟）			淨社銘
	題歸一兄木竹杖			杖銘四首
	題水新蔣居士杖			杖銘四首
	題靈隱兄杖			杖銘四首

	淨信堂初集　絕餘編			靈峰宗論
	題自用木竹杖			杖銘四首
絕餘編卷四銘	淨信堂銘			淨信堂銘
	梵網室銘			梵網室銘
	墨銘十六首			
	方竹杖銘五首			方竹杖銘四首
				拄杖銘
				箸銘三首
				王學古座右銘
				四無量心銘四首
				妙嚴室銘為庸庵作
				戒心戒方銘
				艮六居銘
		宗論卷第九之二	箴	止觀十二事箴
		宗論卷第九之二	詞	祈雨詞
淨信堂初集	釋迦出山相讚			
卷七　讚		宗論卷第九之三	贊	釋迦牟尼佛像贊二首
	接引讚			阿彌陀佛像贊九首(之一)
				阿彌陀佛像贊九首(之二)
	觀世音讚			
	（觀世音讚）又			
	（觀世音讚）又			
	思憶觀音讚			
	四手觀世音像讚			
	觀音大士行像讚			
	觀音大士繡像讚			
	布袋和尚讚			
	（布袋和尚讚）又			布袋和尚像贊三首之二
	寒山拾得子讚			寒山捨得子像贊三首之二
	十八羅漢讚			
	達摩大師讚			達磨大師像贊五首之一
	青牛老子讚			

	淨信堂初集　絕餘編			靈峰宗論
	達大師讚			
	憨山大師像讚			憨山師翁清大師像贊三首之一
	（憨山大師像讚）又			憨山師翁清大師像贊三首之二
	鑒空寧禪師像讚		3	鑒空寧禪師像贊
	以德政比丘像讚			
	寬二徐簣翁遺偈讚			
	烈女汪氏讚			
絕餘編卷四讚	觀音大士像讚			普門大士像贊二十四首之二
	海潮大士像讚			
	蓮舟大士像讚			
	海涌文殊像讚			文殊師利法王子贊二首之二
	十八應真像讚二首題貫休真跡——出山七尊			
	十八應真像讚二首題貫休真跡——水閣十一尊			
	達磨祖師像讚（二）			達磨大師像贊五首之二、三
	九華化城寺大圓禪師像讚			
	龍庵老人像讚			
	博山無異師伯像讚（有序）			博山無異師伯像贊二首之一
				一佛二菩薩像贊二首
				三大士像贊
				地藏慈尊像贊五首
				普賢願王像贊二首
				文殊師利法王子贊二首
				普門大士像贊二十四首
				阿羅漢像贊二首
				布袋和尚像贊三首
				寒山捨得子像贊三首
				達磨大師像贊五首
				幽溪開山始祖融禪師像贊

	淨信堂初集　絕餘編			靈峰宗論
				四明尊者法智大師像贊
				紫柏尊者達大師像贊二首
				憨山師翁清大師像贊三首
				雪浪大師贊
				雲棲和尚蓮大師像贊三首
				博山無異師伯像贊二首
				靈隱兄像贊
				誦帚律師像贊
				雪航法主像贊二首
				衍如禪兄像贊
				覺空老尊宿像贊
				宣聖像贊
				趙十五像贊
				沈母金太孺人往生贊（有引）
				沈翼薇趺坐圖贊
				譚埽菴居士像贊
				陳旻昭居士像贊
				張玄超像贊
	彌陀塔讚	宗論卷第九之四	贊二	佛說阿彌陀經塔贊
				血書華嚴經贊二首
				涵初開士持法華經贊
				雨白開士血書華嚴經贊（有引）
				恆生法主血書法華經讚（並序）
				卓無量普觀圖贊
				西齋淨土詩贊
				十八祖像贊並序略(有引)
				自像贊三十三首
淨信堂初集	將欲出家與叔氏言別四絕	宗論卷第十之一	詩偈	將出家與叔氏言別
卷八　詩偈	一筆句			一筆句
	乙丑年翻一筆句			乙丑飜一筆句

	淨信堂初集　絕餘編			靈峰宗論
	癸亥孟秋辭徑山諸友並寫懷			
	乙丑結制吳江分韻寫懷			結制
	解制寫懷並呈諸友			解制
	丙寅季夏先慈捐世賦四念處以寫哀			丙寅季夏先慈捐世賦四念處以寫哀
	解制自弔並誡諸友			解制自弔示諸友
	戊辰新正出關留別吳江諸友八首（有引）			戊辰春刺舌端血留別諸友八偈之二
	休夏自歎兼呈修雅法主			
	惺兄得廣參博訪鬮贈以俚言			壽兄得廣參博訪鬮賦贈
	和皈一兄二首（原偈附）			和歸一籌兄
	送行四首（有引）			惺谷壽得出家鬮將往博山薙髮二首
	自送四首（小引）			
	路次惠安寺有感			次惠安
	曹溪行呈無異禪師（有序）			曹溪行呈無異禪師（有序）
	弘願歌贈壁如兄（有引）			
	贈壁如兄掩關用博山原韻			贈壁如兄掩關用博山原韻
	讀博山二刻序寄懷雨海居士原韻			
	凌波行和旻昭及無異師			
	贈戒珠偈（有序）			贈戒珠（有序）
	贈一門（有小引）			
	結夏靈谷與諸友言別			
	棲霞三景（如來泉、千佛嶺、攝山頂）			攝山
	贈別雪岸			
	示章一行居士			
	械園無山堂歌			
	答卓無量居士偈			
	一還方丈然香自新以偈贈之			
	贈澹居大德血書華嚴經			贈澹居大德血書華嚴經
	贈印海一還二方丈持梵網			

	淨信堂初集　絕餘編			靈峰宗論
	並念佛			
	警邃徵偈			警邃徵
	壽卓襄野居士			
	題卓無量普觀圖			
	題鄧彰甫語小編			
	淨土偈六十首（有序）			淨土偈十四首（有序）
	和不我二偈			和不我
	示智恆字鑑如			示智恆字鑑如
	示用恆薙髮			示用恆薙髮
	示寶所			示寶所
	示虞居士			
	過檇李東塔見禪師上堂有感（4 首）			過檇李東塔見人上堂有感二首
	己巳結冬永慶再閱律藏賦似歸一諸兄四首			己巳再閱律藏似歸一諸兄二偈
	寄懷惺谷如是二兄及秣陵諸友			
	送歸一兄省親然香訂結社之約			
	送智度歸松陵			
	擬古			
	隱思篇			
	病中自歎並呈社友四首			
	無聊吟			
	贈建初然香發願			
	贈孤休老師二首			
	贈參己			贈參己
	贈若雲二首			贈若雲
	示印心觀禪人			
	示法舟經禪人			
	乞香三首			
	寄懷皈一兄			
	警惺谷兄			警壽兄
	割股救惺谷兄			割股救惺谷兄
	答初平發願偈			荅初平發願偈

	淨信堂初集　絕餘編			靈峰宗論
	示初平發心			示初平發心
	聞謗			聞謗
	輓惺谷兄			輓惺谷壽兄
	輓抱一			
	示章淨見法號明諦			
	示存朴			示存朴
	示惟一			
	樂友偈			
	示潘智海法號戒如			
	示成廉剃髮二首			
	示諸四完二首			示諸四完
	示涵宏			示涵宏
	示陳蘭宇			
	警初平			警初平
	贈慧幢			
	六具沙彌請藏歸靈峰以偈示之			
	山中樂志偈四首			山中三首
	哭慧濟示權律主			哭慧濟示權律主
	托鉢里中言志四首			托鉢有懷
	卜居十八事（有序）			卜居十八事（有序）
	和一心居士放生偈			
	佛會偈			
	護蓮偈四首示蔡拙勝			
	分衛歌答一心坦如二居士			
	法臣歌為聞道侍者(有序)			法臣歌為聞道侍者(有序)
	曲水八詠			
	示戒明			示戒明
	胡勞歎			胡勞歎
	食腐滓二首			
	病中寫懷三十首			病中寫懷十偈
	題夏貞婦卷			題夏貞婦卷
	懷魯仲連			懷魯仲連
	農事難（有序）			

	淨信堂初集　絕餘編			靈峰宗論
	答靈隱見二首			
	題方爾張骷髏圖			
	示費敬齋			示費敬齋
	獨坐寫懷			
	長揖世間偈別社友			別友
	留別四首			
	入山四首			入山二偈
絕餘編	山居百八偈（有小引）	宗論卷第十之二	詩偈	山居六十二偈（有序）
卷四　詩偈	幻寓華嚴庵四偈			
	遣病歌			遣病歌
	夢徹公有感為持呪偈			
	三十八歲生日偈（有序五月初三日）			
	有所慰			
	病餘寫懷四偈			病餘寫懷四絕
	重閱大藏偈			
	有感偶成			
	喜病口占			
	題五釵松			
	贈見心開士偈（有小引）			
	丁丑季冬禮千佛於九華藏樓偈贈諸友（8 首）			禮千佛於九華藏樓贈諸友五偈
	贈頂瞿師掩關念佛			贈頂瞿師掩關念佛
	因拄杖折聯成舊句			因拄杖折聯成舊句
	夢感正法衰替痛哭而醒述寫懷二首			夢感正法衰替痛哭而醒寫懷二偈
	道過齊雲問訊真武			道過齊雲問訊真武
	四十初度寫懷			四十初度
	雨窗選佛分得東文二韻			
	喜雨歌			
	贈葆一兄			
	寄懷未能			寄懷未能
	新秋懷如是師			
	警眾友			

	淨信堂初集　絕餘編			靈峰宗論
	題扇寄懷野愚索印章			
	贈華林開士			
	別玄覽			別玄覽
				贈黃可念
				示持經沙彌
				遊北山
				巢雲
				和荅陳鶴岑
				慰陳弘衮
				誦帚師五十初度
				輓如是師
				槐關
				彌陀巖六人持非時食戒偈以志喜
				觀老聃石像有感
				冬日過虎崆訪衍如首座
				世道降人心漓野人憫之賦邈矣
				偶成
				壽月堂輝山首座
				贈莊聖西
		宗論卷第十之三	詩偈	檇李天寧禪堂度歲即事
				寄吳西城先生
				士民失德亢旱不雨野人憂之賦四月
				和荅吳叔雅
				中秋後二日群鶴集於靈峰賦靈鳥
				用韻題背坐圖二首
				和陳非白三首
				和張興公二首
				和荅宋量公
				贈耦西
				示偈六首

	淨信堂初集　絕餘編			靈峰宗論
				題謝在之扇頭
				贈魏國徐燕超居士
				壽劉今度六旬
				五戒歌示憨月
				示昱巖
				示馬光世
				施茶偈
				楊輔之讀破空論
				題旻昭畫贈季筏
				示君甫
				和荅宋量公
				學道偈
				迴者隱納之深痛也
				入山四首
				寄壽幽棲主人
				知足偈
				七淨督梓大佛頂經玄文
				祖堂度歲寫懷二首
				偶成三絕
				續夢中句（有序）
				丙戌春幻遊石城隨緣閱藏以償夙願夜夢塑地藏大士身首具手足未成感賦。
				雨窻偶成
				病中有感
				閱大智度論畢紀懷四首
				示庸菴比丘
				丙戌生辰驟雨初霽偶成
				壽馬太昭四十
				和荅張興公二首
				丙戌中秋懷淨土
				丙戌重陽同湛公登祖堂山頂
				悼予正法友
				輓旅泊大德

	淨信堂初集　絕餘編			靈峰宗論
				示陳砥中
				靈奕生日以偈示之
				示別兩堂法友
				示豁一二首
		宗論卷第十之四	詩偈	利濟寺禪堂放生念佛社偈（有序）
				寄示禪關
				庚寅自恣二偈（有序）
				和荅譚埽菴
				辛卯季秋重登西湖寺有感三首
				阻雨福源用雪竇禪師白樂天韻
				和荅王季延
				送清源首座返江寧二偈
				譚埽菴招同王止菴高念祖遊研山予大病而返漫賦二首
				壬辰仲冬雨窻有感
				送用晦還新安兼寄堅密三首
				病起感時七偈
				癸巳元旦過秋曙拈花菴四偈
				吁嗟篇六章（有序）
				西窻自喻步寂音韻三首
				和寂音尊者達磨四種行偈
				將遊湯泉示三子三首
				容溪觀池魚
				帶雨觀白龍潭
				登文殊院疾作而返
				和荅吳粲如四首
				坐狎浪樓二首
				坐西竺菴偶成三偈
				示寶樹
				臨塘寺閱埋菴集

	淨信堂初集　絕餘編			靈峰宗論
				荅無住生心義
				寄贈德水法主
				芙蓉苑
				題大蘇菴二首
				入山二偈
				雨窻偶詠二偈
				五月二十七日大病初起偶述三偈
				病起警策偈六章
				閱藏畢偶成二偈
				雨窻自喻四偈（九月十九日）
				獨坐書懷二首
				病中口號（十一月十八日）
				病間偶成（十二月初三日）
				大病初起求生淨土六首
				贈王雪友
				甲午除夕
				乙未元旦二首
絕餘編	地藏塔前對聯			
卷四　對聯	化城大殿對聯			
	法堂對聯			
	三門對聯			

附錄三：戒波羅蜜

數量	類別	文稿名
1	願文	受菩薩戒誓文
2		書佛名經然香迴向文
3		為雪航檝公講律刺血書願文
4		庚午安居論律香文
5		為惺谷懺願文
6		結壇禮大悲懺文（九月十六日）
7		結壇禮懺並回向補持呪文
8		龍居禮大悲懺文（十一月）
9		禮淨土懺文（癸酉正月）
10		代敬水求戒願文（大報恩前然香）
11		完梵網香文（丁丑三月初七）
12		陳罪求哀疏（戊寅）
13		為如是師六七禮懺疏（己卯）
14		鐵佛寺禮懺文（壬午）
15		佛菩薩上座懺願文
16		大悲行法道場願文（乙酉五月初三日）
17		禮千佛告文
18		祖堂結大悲壇懺文
19		占察行法願文（丙戌）
20		大悲壇前願文

數量	類別	文稿名
21	法語	示成遠號邃徵
22		示初平三學
23		示陳受之
24		示萬無懷
25		示羅性嚴
26		示圓珠鈺沙彌
27		示大圓庵緇素
28		示廣戒侍者法號佛因
29		示定西
30		示曉存聖天二沙彌
31		書法雨扇頭
32		書西瞻扇頭
33		示費智瀾
34		示邵伯誠
35		（示邵伯誠）又
36		示閱藏四則為慧幢徹因二比丘說
37		示慧幢上座
38		示鏡衷
39		示沐苑
40		示靖開
41		示靖聞
42		示惺白
43		示世聞
44		示劉今度
45		示玄著
46		示蒼牧
47		示智林
48		示石友
49		示無己
50		示卓飛
51		示淨鄉

數量	類別	文稿名
52		示養德
53		示庸菴
54		示巨方
55		示蒼雲
56		示西池
57		示閔周挻
58		示閔大飛二則
59		示戒心
60		示用晦二則
61		示六正
62		示清源
63		示吳劬菴
64	荅問	續荅卓居士十問（原問附）
65		荅印生四問（原問附）
66		批印生懺悔文
67		批德輶懺悔文
68		批晦文懺悔文
69		荅菩薩戒九問（原問附）
70		荅黃樨谷三問（原問附）
71		荅陳弘衮二問（原問附）
72		荅鄧靖起三問
73		荅張叔韓問
74		荅敷先問
75		荅庸菴二問
76		壇中十問十荅（有引）
77		性學開蒙荅問（即壇中第四問廣荅）
78		荅比丘戒五問（原問附）
79	普說	歙西豐南仁義院普說
80		示念佛法門
81		為大冶
82	茶說	辛卯除夕茶話

數量	類別	文稿名
83	說	作法說
84		孝聞說
85		慈濟說
86		法器說
87		恥菴說
88	文	戒婬文
89		攝心為戒文
90		惠應寺放生社普勸戒殺念佛文
91	偶錄	梵室偶談（共五十五條）
92		偶書二則（二）
93	書	問茂林律主
94		（問茂林律主）又
95		寄博山無異師伯
96		與曹源洵公
97		（復水林）又
98		寄韓蓮洲居士
99		寄修雅法主
100		寄唵嚂公
101		寄文學陳旻昭
102		復圓聞
103		復曹源洵公
104		寄文學王簡在
105		寄潘戒如居士
106		與修雅法王
107		與曹源洵公
108		寄金陵諸友
109		寄志隆
110		寄如是兄
111		寄文學徐雨海
112		寄闍梨古德師
113		寄灌虛大德

數量	類別	文稿名
114		寄金臺法主
115		與茂林律主
116		（與茂林律主）又
117		寄文學陳旻昭
118		上闍梨古德師
119		與程季清居士
120		囑徹因比丘（並七條）
121		復水部胡善住
122		復韓蓮洲
123		復陳旻昭
124		復智龍
125		再復陳旻昭
126		又寄陳旼昭
127		寄韓蓮洲
128		寄雪航法主
129		復九華常住
130		與王季延
131		復吳聿修
132		復轉依
133		與沈甫受甫敦
134		與聖可
135		與了因及一切緇素
136		復韓朝集
137		復達戒
138		與見月律主
139	論	慈悲緣苦眾生論
140		非時食戒十大益論
141	辯	戒衣辯譌
142		法派稱呼辯
143	記	介石居記
144		重修寄心庵記

數量	類別	文稿名
145	緣起	毗尼事義集要緣起
146		八關戒齋勝會緣起
147		退戒緣起並囑語
148		化持地藏菩薩名號緣起
149	序	五戒持犯考序
150		沙彌持犯考序
151		大比丘持犯考序
152		淨社小序
153		刻淨土懺序
154		律要三集總序
155		修淨土懺並放生社序
156		梵網合註自序
157		讚禮地藏菩薩懺願儀後自序
158		勸持梵網心地品
159		大佛頂經玄文後自序
160		贈衍如兄序
161		贈純如兄序
162		贈石淙掩關禮懺占輪相序
163		放生社序
164		重治毗尼事義集要自序
165		法海觀瀾自序
166	題跋	題對峰禪師血書受戒文後
167		刻十二頭陀經跋
168		血書經品跋
169		巢松法主手卷跋
170		水新居士持金剛經跋
171		刻校正梵網上下跋
172		刻頭陀遺教二經跋
173		血書法華經跋
174		合註跋語
175		三學血書華嚴經跋

數量	類別	文稿名
176		蓮洲書佛頂經跋
177		占察疏自跋
178		菩薩戒本經箋要自跋
179	疏	化持滅定業真言一世界數莊嚴地藏聖像疏
180		寫書本大藏疏
181		涵白關主禮懺持呪募長生供米疏
182		刻占察經疏並行法助緣疏
183	傳	璧如惺谷二友合傳
184		誦帚師往生傳
185		自觀印闍梨傳
186		蓮居菴新法師往生傳
187		影渠道山二師合傳
188	壽序	壽延壽院新伊法師六袠序
189		壽姚廣若居士三袠序
190		壽新伊大法師七袠序
191		白法老尊宿八袠壽序
192	塔誌銘	樵雲律師塔誌銘
193		紫竹林顓愚大師爪髮衣鉢塔誌銘
194	祭文	然香供無盡師伯文
195		弔不忘文
196	頌	北天目靈峰寺二十景頌
197		禮舍利塔頌
198	銘	梵網室銘
199		淨社盟（糾我同志易銘為盟）
200		梵網室銘
201		戒心戒方銘
202	贊	以德政比丘像讚
203		地藏慈尊像贊五首
204		十八祖像贊並序略（有引）
205		自像贊三十三首
206	詩偈	戊辰新正出關留別吳江諸友八首（有引）

數量	類別	文稿名
207		休夏自歎兼呈修雅法主
208		送行四首（有引）
209		弘願歌贈璧如兄（有引）
210		贈戒珠偈（有序）
211		贈別雪岸
212		一還方丈然香自新以偈贈之
213		贈印海一還二方丈持梵網並念佛
214		示用恆薙髮
215		示虞居士
216		病中自歎並呈社友四首
217		贈建初然香發願
218		贈若雲二首
219		示存朴
220		示潘智海法號戒如
221		示成廉剃髮二首
222		示涵宏
223		示陳蘭宇
224		警初平
225		贈慧幢
226		哭慧濟示權律主
227		托鉢里中言志四首
228		和一心居士放生偈
229		法臣歌為聞道侍者（有序）
230		示戒明
231		病餘寫懷四偈
232		丁丑季冬禮千佛於九華藏樓偈贈諸友（8 首）
233		彌陀巖六人持非時食戒偈以志喜
234		壽劉今度六旬
235		五戒歌示憨月
236		學道偈
237		丙戌生辰驟雨初霽偶成

數量	類別	文稿名
238		庚寅自恣二偈（有序）
239		吁嗟篇六章（有序）
240		獨坐書懷二首

附錄四：會性法師編《蕅益大師淨土集》及本文所選《淨土祕藏指南》

會性法師編《蕅益大師淨土集》			淨土祕藏指南		
1	第七願文	四十八願文	1	願文	四十八願
2		結壇持《往生咒》偈	2		結壇持往生呪偈（壬申五月十六日）
3		結壇念佛回向文	3		結壇念佛回向文
4		禮淨土懺文（癸酉）	4		禮淨土懺文（癸酉正月）
5		禮淨土懺文	5		禮淨土懺香文（八月二十九日）
6		大病中啟建淨社願文（十二月十三日）	6		大病中啟建淨社願文（十二月十三日）
7	第八法語	示法源	7	法語	示法源
8		示王心葵	8		示王心葵
9		示靖聞	9		示張司杓
10		示郭善友	10		示彭雙泉
11		示宋養蓮	11		示邵伯誠
12		示陸喻蓮	12		示韞之
13		示淨堅優婆夷	13		示靖聞
14		示方爾階	14		示郭善友
15		示劉今度	15		示宋養蓮

會性法師編《蕅益大師淨土集》			淨土祕藏指南		
16		示玄著	16		示陸喻蓮
17		示自天	17		示淨堅優婆夷
18		示石友	18		示方爾階
19		示朗然	19		示劉今度
20		示明西	20		示玄著
21		示謝在之	21		示自天
22		示蔡二白	22		示石友
23		示證心	23		示無己
24		示念佛社	24		示朗然
25		示閔周埏	25		示明西
26		示念佛法門	26		示謝在之
27		示念佛三昧	27		示蔡二白
28		念佛三昧說	28		示證心
29		孕蓮說（亦名《求生淨土訣》）	29		示念佛社
30		持名念佛曆九品淨四土說	30		示閔周挻
31		歙西豐南仁義院普說	31		示玄著
32		歙浦天馬院普說	32		示蒼雲
33		梵室偶談（七則）	33		示閔大飛二則
34		複淨禪書	34		示戒心
35		複鄧靖起書	35		示六正
36		與周洗心書	36		示清源
37		寄丁蓮侶書	37	答問	荅卓左車彌陀疏鈔二十四問（原問附）
38		複韓朝集書	38		續荅卓居士十問（原問附）
39		複唐宜之書	39		擬答卓左車茶話（原問博山啟附）
40	第九答問	答卓左車《彌陀疏鈔》三十二問（原問附）	40		荅印生四問（原問附）
41		答印生問（原問附）	41		荅元賡問
42		答元賡問	42		荅鄧靖起三問

會性法師編《蕅益大師淨土集》			淨土祕藏指南		
43		答鄧靖起問	43		荅比丘戒五問（原問附）第三荅
44		答比丘戒問（原問附）	44		祖堂幽棲寺丁亥除夕普說
45		答卓左車茶話（原問博山啟附）	45	普說	歙西豐南仁義院普說
46	第十論述	參究念佛論	46		歙浦天馬院普說
47		念佛即禪觀論	47		荅卓左車茶話（原問博山啟附）
48		靈峰寺淨業緣起	48	茶說	示念佛法門
49		刻《淨土懺》序	49		示念佛三昧
50		刻《寶王三昧念佛直指》序	50		慈濟說
51		修淨土懺並放生社序	51	說	念佛三昧說
52		觀泉開士化萬人畢生念佛同生淨土序	52		孕蓮說（亦名求生淨土訣）
53		《蓮漏清音》序	53		法器說
54		勸念豆兒佛序	54		持名念佛歷九品淨四土說
55		《悲華經》序	55		勸戒殺文
56		《西方合論》序	56	文	惠應寺放生社普勸戒殺念佛文
57		重刻《寶王三昧念佛直指》序	57		梵室偶談（共五十五條）
58		贈鄭完德念佛序	58	偶錄	寄剃度雪嶺老師
59		刻校正《大阿彌陀經》後序	59	書	復卓左車（來柬附）
60		合刻《彌陀》《金剛》二經序	60		（復卓左車）又（來柬附）
61		《法海觀瀾》自序	61		寄壁如兄
62		壽車母牛碩人八秩暨次公居士六秩序	62		寄歸一兄
63		《十大礙行》跋	63		與水林
64		惠應寺放生社普勸戒殺念佛文	64		與如是兄
65		化念阿彌陀佛同生淨土	65		上古師

會性法師編《蕅益大師淨土集》			淨土祕藏指南		
		疏			
66		淨然沙彌化念佛疏	66		寄唵嚂公
67		忍草沙彌化念佛疏	67		寄灌虛大德
68		結社修淨業兼閱《華嚴大鈔》助緣疏	68		復文學王元建
69		念豆兒佛疏	69		復曹源洵公
70	第十一傳記	端氏往生記	70		上閣梨古德師
71		武林萬安雲禪師往生傳	71		復靈隱兄
72		吳興智福優婆夷往生傳（並贊）	72		與程季清居士
73		誦帚師往生傳	73		復陳旻昭
74		妙圓尊者往生傳（並贊）	74		又寄陳旼昭
75		蓮居庵新法師往生傳	75		寄韓蓮洲
76	第十二詩偈	大勢至法王子念佛三昧頌	76		復淨禪
77		淨社銘	77		復鄧靖起
78		阿彌陀佛像贊（九首）	78		與周洗心
79		西方三聖像贊	79		寄丁蓮侶
80		雲棲和尚蓮大師像贊（三首）	80		復唐宜之
81		沈母金太孺人往生贊（有引）	81		荅韓服遠
82		《佛說阿彌陀經》塔贊	82		寄錢牧齋
83		卓無量《普觀圖》贊	83		參究念佛論
84		《西齋淨土詩》贊	84	論	念佛即禪觀論
85		自像贊（三十三首，今錄《念佛像贊》六首）	85	記	重修寄心庵記
86		淨土偈十四首（有序）	86		端氏往生記
87		贈參己	87	緣起	靈峰寺淨業緣起
88		答初平發願偈	88		重定選佛圖緣起
89		贈頂瞿師掩關念佛	89	序	廣孝序贈旻昭居士
90		贈莊聖西	90		淨社小序

會性法師編《蕅益大師淨土集》			淨土祕藏指南		
91		贈耦西	91		刻淨土懺序
92		贈魏國徐燕超居士	92		刻寶王三昧念佛直指序
93		五戒歌示憨月	93		寓菴序
94		示馬光世	94		修淨土懺並放生社序
95		丙戌中秋懷淨土	95		贈衍如兄序
96		挽旅泊大德	96		觀泉開士化萬人畢生念佛同生淨土序
97		示豁一	97		惠應寺放生蓮社序
98		利濟寺禪堂放生念佛社偈（有序）	98		蓮漏清音序
99		示寶樹	99		廬山香爐峰重結蓮社序
100		獨坐書懷（二首）	100		勸念豆兒佛序
101		病中口號	101		贈張興公序
102		病間偶成	102		西方合論序
103		大病初起求生淨土（六首）	103		重刻寶王三昧念佛直指序
104		甲午除夕	104		贈鄭完德念佛序
105		乙未元旦（二首）	105		刻較正大阿彌陀經後序
			106		合刻彌陀金剛二經序
			107		法海觀瀾自序
			108	題跋	血書經品跋
			109		血書法華經跋
			110		彌陀要解自跋
			111		唯識心要自跋
			112		貝林師書大佛頂經跋
			113		十大礙行跋
			114		四十八願卷跋
			115		恆正上座受持朱元介所書經跋
			116		題樂愚尊宿付囑朱本蓮十八高賢卷
			117		較定宗鏡錄跋四則

會性法師編《蕅益大師淨土集》			淨土祕藏指南		
			118		書吳孟開居士泊岸卷後
			119	疏	化持滅定業真言一世界數莊嚴地藏聖像疏
			120		棲霞圓滿道場疏
			121		寫書本大藏疏
			122		化齋十萬八千僧疏
			123		化念阿彌陀佛同生淨土疏
			124		募刻校正梵本諸大乘經疏
			125		玄素開士結茅修止觀助緣疏
			126		西蓮庵建淨土懺儀並塑地藏聖像疏
			127		淨然沙彌化念佛疏
			128		忍草沙彌化念佛疏
			129		結社修淨業兼閱華嚴大鈔助緣疏
			130		念荳兒佛疏
			131		西指抱一粹沙彌傳
			132		武林萬安雲禪師傳
			133	傳	吳興智福優婆夷往生傳
			134		新都汪二隨居士傳
			135		誦帚師往生傳
			136		妙圓尊者往生傳（並贊）
			137		蓮居菴新法師往生傳
			138		新安程季清傳（並贊）
			139		壽莊母道昭優婆夷蘇碩人八袠序
			140		壽陳旻昭居士六袠序
			141	壽序	壽車母牛碩人八袠暨次公居士六袠序
			142		祝沈母張碩人節壽序
					樵雲律師塔誌銘
			143	塔誌銘	祭在庸維那文

會性法師編《蕅益大師淨土集》			淨土祕藏指南		
			144	祭文	大佛頂首楞嚴經二十五圓通頌三十一首（並序）大勢至法王子念佛三昧頌
			145	頌	禮舍利塔頌
			146		淨社盟（斜我同志易銘為盟）
			147	銘	彌陀塔讚
			148	贊	阿彌陀佛像贊九首
			149		一佛二菩薩像贊二首
			150		普賢願王像贊二首
			151		雲棲和尚蓮大師像贊三首
			152		誦帚律師像贊
			153		沈母金太孺人往生贊（有引）
			154		沈翼薇趺坐圖贊
			155		佛說阿彌陀經塔贊
			156		卓無量普觀圖贊
			157		西齋淨土詩贊
			158		十八祖像贊並序略（有引）
			159		自像贊三十三首
			160		戊辰新正出關留別吳江諸友八首（有引）
			161		送行四首（有引）之一
			162	詩偈	贈戒珠偈（有序）
			163		贈一門（有小引）
			164		結夏靈谷與諸友言別
			165		示章一行居士
			166		贈印海一還二方丈持梵網並念佛
			167		題卓無量普觀圖
			168		淨土偈六十首（有序）
			169		示寶所
			170		示虞居士
			171		病中自歎並呈社友四首之一

會性法師編《蕅益大師淨土集》			淨土祕藏指南		
			172		贈參已
			173		贈若雲二首
			174		答初平發願
			175		輓惺谷兄
			176		示章淨見法號明諦
			177		示涵宏
			178		示陳蘭宇
			179		卜居十八事（有序）第十四首念佛
			180		佛會偈
			181		護蓮偈四首示蔡拙勝
			182		獨坐寫懷
			183		山居百八偈（有小引）
			184		贈頂瞿師掩關念佛
			185		贈黃可念
			186		贈莊聖西
			187		和荅吳叔雅
			188		中秋後二日群鶴集於靈峰賦靈鳥
			189		贈耦西
			190		贈魏國徐燕超居士
			191		示馬光世
			192		迴者隱納之深痛也
			193		七淨督梓大佛頂經玄文
			194		病中有感
			195		丙戌中秋懷淨土
			196		悼予正法友
			197		輓旅泊大德
			198		示豁一二首
			199		利濟寺禪堂放生念佛社偈（有序）
			200		送清源首座返江寧二偈

會性法師編《蕅益大師淨土集》			淨土祕藏指南		
			201		送用晦還新安兼寄堅密三首
			202		吁嗟篇六章（有序）
			203		西窻自喻步寂音韻三首
			204		示寶樹
			205		病起警策偈六章
			206		病中口號（十一月十八日）
			207		大病初起求生淨土六首
			208		乙未元旦二首

附錄五：《淨信堂初集》、《絕餘編》、《靈峰宗論》詩偈用韻對照表

淨信堂初集	絕餘編				靈峰宗論			
淨信堂初集	1	將欲出家與叔氏言別四絕	此行良不易。一往自情深。 莫惜三年別。相期一世心。 別叔在滸墅。見叔知何方。 遙相刮目待。各自善行藏。 世變不可測。此心千古然。 無限他山意。叮嚀不在言。 既知身似夢。還信性元真。 別後重相聚。無渝今日盟。	深心　十二侵 方藏　七陽 然　一先 言　十三元 真　十一真 盟　八庚	卷第十之一詩偈	1	將出家與叔氏言別	世變不可測。此心千古然。 無限他山意。丁寧不在言。	一先　然 十三元　言

淨信堂初集　絕餘編					靈峰宗論				
卷八 詩偈	2	一筆句	湛海浮漚。起滅無端何日休。目翳空花有。翳盡花存否。嗏。休更往迷流。酸辛獨受。知妄無因。當體元如舊。因此把世界身心一筆勾。	漚休流勾　十一尤 有否受　二十五有		2	一筆句	湛海浮漚。起滅無端何日休。目瞖空花有。瞖盡花存否。（嗏）莫更往迷流。酸辛獨受。知妄無因。當體元如舊。因此把世界身心一筆句。	漚休流勾　十一尤 有否受　二十五有
	3	乙丑年翻一筆句	海湛漚浮。本自無端豈更休。目翳花非有。翳盡花亡否。嗏。及早悟真流。安然正受。知幻即離。那有新和舊。把甚麼世界身心一筆勾。	浮休流勾　十一尤 有否受　二十五有		3	乙丑飜一筆句	海湛漚浮。本自無端豈更休。目瞖空花有。瞖盡花亡否。（嗏）及早悟真流。安然正受。知幻即離。那有新和舊。把甚麼世界身心一筆句。	浮休流勾　十一尤 有否受　二十五有
	4	癸亥孟秋辭徑山諸友並寫懷	祖窟稱雙徑。名山久夢遊。為因禮紫柏。兼復入禪樓。 一句喜相究。三期漫爾留。那知緣有盡。不覺欲離儔。 既恤同參況。還憐旅思愁。孤蹤雲外鶴。浪跡水中鷗。 拄杖千山月。芒鞋萬裏秋。不堪重畫虎。聊且學看牛。 水草知安在。繩鞭可自由。梗萍如再遇。相與問竿頭。	遊樓　十一尤 留儔 愁鷗 秋牛 由頭					
	5	乙丑結制吳江分韻寫懷	飄然一鉢別無能。信是尋常粥飯僧。 結夏豈甘違佛制。談經元不落聲塵。 青山自許堪埋骨。白髮猶慚未有憑。 願得同仁相策勵。不須門外設三乘。	能僧憑乘　十蒸 塵　十一真		4	結制	婁然一鉢別無能。沒伎尋常粥飯僧。 結夏豈甘違佛制。譚經元不落聲塵。 钁頭青嶂堪理骨。鏡面霜莖未有憑。 預忞同仁相策勵。不須門外設三乘。	能僧憑乘　十蒸 塵　十一真

淨信堂初集	絕餘編				靈峰宗論				
	6	解制寫懷並呈諸友	結制暑方盛。解制涼風作。 倏忽淹九旬。光陰易殂落。 田禾青漸黃。河水流且涸。 天時既有乖。我心亦大錯。 緬想日用中。猶是戲與謔。 縱饒談了義。依舊病為藥。 安居竟何益。況復將行腳。 他山雖人夢。祇恐原如昨。 俯仰身世間。自憐還自愕。 知我托千古。埋骨存一壑。 矢志固爾爾。浮蹤何落落。 寄語同參者。幸勿輕然諾。	作落涸錯謔藥腳昨愕壑落諾　十藥		5	解制	結制暑方盛。解制涼風作。 倏忽淹九旬。光華易殂落。 田禾青漸黃。河水流且涸。 緬想日用中。猶是倚與託。 偃月譚了義。幽室病為藥。 安居竟何益。況復將行腳。 他山雖入夢。只恐原如昨。	十藥
	7	丙寅季夏先慈捐世賦四念處以寫哀	觀身不淨 恩愛迷情。四大緣生妄有身。膿血交相潤。臭穢常無盡。嗏。饒你會莊矜。晝囊盛糞。一旦神離。不復堪親近。切莫把未爛骷髏認作真。 觀受是苦 妄想驅馳。吸攬前塵作所依。業感原無意。苦樂隨因異。嗏。苦果實堪悲。酸辛難比。世樂雖榮。享盡愁還至。切莫把五欲塵勞枉自迷。	情　八庚 身　十一真 潤　十二震 盡　十一軫 矜　十蒸 糞　十三問 離　四支 近　十三問 真　十一真 馳　四支 依　五微 意異比至　四寘 悲　四支 榮　八庚 迷　八齊		6	丙寅季夏先慈捐世賦四念處以寫哀	觀身不淨 恩愛迷情。四大緣生妄有身。膿血交相潤。自穢常無盡。(嗏)饒你會莊矜。晝囊盛糞。一旦神離。不復堪親近。切莫把未爛骷髏認作真。 觀受是苦 妄想驅馳。吸攬前塵作所依。業感原無意。苦樂隨因異。(嗏)苦果實堪悲。酸辛難比。世樂雖榮。享盡愁還至。切莫把五欲塵勞枉自迷。	情　八庚 身　十一真 潤　十二震 盡　十一軫 矜　十蒸 糞　十三問 離　四支 近　十三問 真　十一真 馳　四支 依　五微 意異比至　四寘 悲　四支 榮　八庚 迷　八齊

淨信堂初集	絕餘編				靈峰宗論				
			觀心無常 迷卻真常。緣氣紛紜集一腔。離彼前塵相。分別成何狀。嗏。饒你會思量。終歸罔象。過未無蹤。現在原長往。切莫把流注心機作主張。	常相量張　七陽 腔　三江 狀　二十三漾 象往　二十二養				觀心無常 迷卻真常。緣氣紛紜集一腔。離彼前塵相。分別成何狀。（嗏）饒你會思量。終歸罔象。過未無踪。現在原長往。切莫把流注心機作主張。	常相量張　七陽 腔　三江 狀　二十三漾 象往　二十二養
			觀法無我 藏性周圓。循業隨心法法全。和合因緣舛。戲論須排遣。嗏。外道枉糾纏。盲無慧眼。妙有真空。覓我同陽燄。切莫把十界依他作本然。	圓全一先　舛遣十六銑 纏　一先 然　一先				觀法無我 藏性周圓。循業隨心法法全。和合因緣舛。戲論須排遣。（嗏）外道枉糾纏。盲無慧眼。妙有真空。覓我同陽燄。切莫把十界依他作本然。	圓全一先　舛遣十六銑 纏　一先 然　一先
	8	解制自弔並誡諸友	舊年結夏彭水濱。今年結夏姑蘇城。舊年解制母尚在。今年解制徒傷情。世出世孝兩無當。嗚呼今且為窮氓。憶我昔時。尅期取果志何狡。嗟嗟。四載有餘徒自撓。楞嚴法華雖爛熟。說食元來終不飽。忽忽不念死將至。依舊空身見閻老。空身依舊不足恤。辜負吾衣色用皂。皂衣本是解脫服。捫心翻覺生煩惱。名不稱實古人恥。噫嘻幼志成虛抱。是以清霄每自呻。痛腸擬欲向誰陳。顰眉淚目復奚益。見者依然楚與秦。顧我婆心不能死。叨叨還願誡同仁。現為浪子偏	城情氓　八庚 狡撓飽　十八巧 老皂惱抱　十九皓 熟至服　一屋 呻陳秦仁至唇身淪　十一真 益客　十一陌 恥死　四紙		7	解制自弔示諸友	舊年結夏彭水濱。今年結夏姑蘇城。舊年解制母尚在。今年解制徒傷情。出世大孝未有當。嗚呼今且為窮氓。尅期取果昔何狡。四載有餘徒自撓。忽忽不念死將至。辜負吾衣色用皂。清霄每自呻。腸轉向誰陳。名聞利養自昔不常在。袈裟一失，千古萬古終沈淪。	城情氓　八庚 撓　十八巧 皂　十九皓 陳淪　十一真

淨信堂初集	絕餘編				靈峰宗論				
			憐客。敢曰邀名漫鼓唇。世界浮虛世事幻。莫將無益老吾身。名聞利養自昔不常在。袈裟一失。千古萬古終沉淪。						
	9	戊辰新正出關留別吳江諸友八首（有引）	予久杜口謝筆矣。今將長往深山。與諸友言別。後會杳無定期。一點道情。脈脈不容自己。爰刺舌端血。櫂搦管城公。留此八偈相贈。既不修辭。並未知叶韻與否。譬如草頭單方。不貴藥味直錢。但願諸友服之除病耳。						
			苦海渺無邊。彌陀有願船。莫愁不相渡。祇要趁船錢。	邊船錢　一先					
			戒是趁船錢。諸君請自堅。平時若缺失。上路沒盤纏。	錢堅纏　一先					
			酒是烊銅汁。婬為猛火山。人天永無分。況可望金蓮。	山　十五刪 蓮　一先					
			輕重等須護。莫將容易看。浮囊古有喻。惟此最宜慳。	看　十四寒 慳　十五刪					
			攝身還檢意。內外不宜偏。心是機關主。如何可弗閑。	偏　一先 閑　十五刪					
			戒是人天路。尤憑念力專。人天福有盡。豈若禮金仙。	專仙　一先					
			教觀功難尅。橫超念最賢。一聲佛號處。已侍世尊前。	賢前　一先		8	戊辰春刺舌端血留別諸友八偈之二	教觀功難尅。橫超念最賢。一聲佛號處。已侍世尊前。	賢前　一先
			參究雖云頓。嗟今倍復難。小安成大妄。何似用金磚。	難　十四寒 磚　一先				參究雖云頓。嗟今倍復難。小安成大妄。何似用金磚。	難　十四寒 磚　一先

淨信堂初集　絕餘編						靈峰宗論			
	10	休夏自歎兼呈修雅法主	九旬何所辦。結夏忽云休。 自恣成虛語。盂蘭志未酬。 幻身恒百病。業識復千尤。 內省悲方切。觀時志愈愁。 藐躬奚足恤。大廈倍堪憂。 魔說瀰城野。師弦絕九州。 荷擔非獨力。臭味每多矛。 扼腕於今久。銘心與古儔。 感茲格外遇。宛爾意中求。 拂跡交能締。忘年盟可牟。 蕭然林樹下。常共白雲遊。	休酬尤愁憂州矛儔求牟遊　十一尤					
	11	惺兄得廣參博訪臘贈以俚言	覺皇時已邁。含識方遺本。 執教逞空談。依禪思多瞞。 誰將正法憂。全作自心懣。 有懷惺居士。與我同所忖。 我以千古交。搜精用補衮。 君以百城歷。取益開群忳。 兩途各騁馳。厥旨適非遠。 是以空中師。再決成相勉。 知君飲法流。終不猶河鼴。 南詢豈憚勞。會得畢竟偃。 君既有日益。我亦能日損。 損益恰互資。誰言垂跡反。 共振積時衰。永慰生平悃。	本忖衮遠鼴偃損反悃　十三阮 忳　十三元 勉　十六銑 談　十三覃 瞞　十四寒 懣　十四旱 馳師　四支		9	壽兄得廣參博訪臘賦贈	覺皇時已邁。含識方遺本。 執教逞空譚。依禪思多瞞。 正法遺繁憂。疇作自心懣。 有懷惺谷壽。與我同所忖。 我以千古交。撈精用補衮。 君以百城歷。取益開群忳。 兩塗各馳騁。厥旨適非遠。 知君飲法流。終不猶河鼴。 願君有日益。我願能日損。	本衮遠損　十三阮 瞞　十四寒 懣　十四旱
	12	和皈一兄二首（原偈附）	蕩蕩王途無黨偏。水堪乘馬陸通船。未知妙用超言象。何異橫稍執定盤。 萬象凋零落木天。窮頭露面亦堪憐。扶衰起泰當人事。			10	和歸一籌兄	破家蕩產英雄事。閨閣微貲婦寺憐。縱博萬場今日始。一塵便可注三千。	一先

淨信堂初集	絕餘編					靈峰宗論			
			誓取摩尼走大千。						
			長安有路家家透。何事偏求馬與船。言象本來真妙用。重輕元不離星盤。	船　一先 盤　十四寒					
			破家蕩產英雄事。慳惜微貲真可憐。縱博萬場今日始。一塵便可注三千。	憐千　一先					
	13	送行四首（有引）	惺兄得出家鬮。將往博山薙髮。皈修二公與之行。且預訂金蘭之約。法門真快事也。而雪航兄實啟其端。敬賦四律以壯行色。			11	惺谷壽得出家鬮將往博山薙髮二首	昔年相識五雲閒。何似今朝契更專。其過訟應深激勵。他山石不習柔便。春回頓改殘冬色。雪積逾增翠竹妍。從此共祛寒氣盡。悠悠舜日與堯天。	一先
			雪老冰枯冬已闌。燈輝歷歷照禪關。魔軍久肆誰令怖。法印將埋孰與看。安養不妨頻送想。毗尼正爾願無殫。忽觀惺老披緇兆。遂與幽人賦采蘭。	闌看殫蘭　十四寒				去年愛我亦芬芳。獨善為懷兌可商。破格一朝誠不易。匡扶千古豈尋常。芒鞵破處腳跟穩。拄杖回時手眼良。寄語守株門下客。同將祖道苦茗嘗。	七陽
			昔年相識五雲間。何似今朝契更專。舉過豈嫌深激勵。輔仁奚事習柔便。春回頓改殘冬色。雪積踰增翠竹妍。從此共袪寒氣盡。悠悠舜日與堯天。	專便妍天　一先					
			永嘉何事禮曹谿。宗眼明時教愈微。舊諦已曾盟鼎足。新知倍喜契圓伊。搬柴運水	伊思疑　四支 微　五微					

淨信堂初集　絕餘編					靈峰宗論				
			尋常句。非棄非離格外思。辨取金沙提正印。勤王殺賊更奚疑。						
			去年相愛亦芬芳。獨善為懷兗可商。破格一朝誠不易。匡扶千古豈尋常。芒鞵破處腳跟穩。拄杖回時手眼良。寄語守株門下客。同將祖道苦茗嘗。	芳商常良嘗　七陽					
	14	自送四首（小引）	惺兄邀我同行。賦詩自贈。意在拋磚引玉也。						
			臥薪嘗膽幾春秋。今日重為浪子遊。俠骨不妨凌北斗。劍光何啻爍南州。鶯啼新柳聲聲媚。雁過寒潭字字留。快得同心相助力。軍前直斬戴天仇。	秋遊州留仇　十一尤 四首詩韻腳相同					
			壯夫何用漫悲秋。俠客寧忘湖海遊。一劍不須陳魏闕。五車更恥步瀛洲。交盟格外言多逆。錐處囊中穎豈留。共慶王師無與敵。恩猶不宰孰為仇。	十一尤					
			擬將塵劫作春秋。發足當為剎海遊。三昧已能窮幻網。蜃樓元不離南洲。婬坊酒肆逢場戲。劍樹刀山任去留。堪笑從前皆錯認。於今方信本無仇。	十一尤					

淨信堂初集	絕餘編				靈峰宗論				
			劫外長春那有秋。寂光周徧阿誰遊。幻修擬學詢南客。大誓還須度北洲。邃谷鐘鳴聲不滅。碧空鳥過跡奚留。歸來共了慈悲債。與樂無分恩與仇。	十一尤					
	15	路次惠安寺有感	法林凋謝不能春。俛仰時流悲踰臻。圓頂方袍雖徧地。亡身為法果誰人。	春臻人　十一真		12	次惠安	法林凋謝不能春。黃葉秋風嗌愈臻。圓頂方袍雖偏界。忘身為法果誰人。	十一真
	16	曹溪行呈無異禪師（有序）	不肖旭初信佛法。便聞有等假稱悟道誑惑世人。心甚傷之。未幾得讀博山警語。竊喜正法猶在。然私謂亦是一種良方耳。未能徧療眾病也。是後數見禪人自博山來者。嘖嘖稱揚其盛。及叩之。則惟一句死話頭。不為優免牌。便為繫驢橛。求其入理處尚不可得。況向上一著。不住於理者耶。從此參見之心息矣。適年來狂罔禪客。往往有謗博山者。方疑必有不同流俗處。故感得惡言供養。由是復起敬心。偶一日。訪至人於惺谷道兄。惺谷曰。吾師乎。吾師乎。雖不能如大醫王。善療眾病。而破癰拔毒。賜一科所專精也。雖不能如主兵臣。盡征			13	曹溪行呈無異禪師（有序）	不肖旭。初信佛法。聞有等假稱悟道。誑惑世人。甚傷之。讀博山警語。竊喜正法猶在。私謂一種良方耳。後見山中禪客。惟一句死話頭。不為優免牌。便為繫驢橛。入理處尚不可得。況向上一著不住於理者邪。適年狂罔。往往有謗博山者。方疑必有不同流俗處。故感惡言供養。訪於惺谷。谷曰。不能如大醫王。善療眾病。而破癰拔毒一科。所專精也。不能如主兵臣。盡征不服。而撈奸察偽守關老吏也。於是匍匐叅請。方知大師乘大願。具大力。運大悲擴大量。果與諸方不同。藐予小子。以禪治惑。以律扶衰。雖一刀直入。不能為嫡	

淨信堂初集　絕餘編					靈峰宗論				
			不服。而搜奸察偽。則守關之老吏也。汝何不一見之。乃以耳為目哉。於是與二三知己。匍匐參請。既獲覲光儀。親聞慈誨。方知大師乘大願。具大力。運大悲。拓大量。真欲棟梁大廈。砥柱中流。殊與諸方不同。宗門一脈。誠賴以不墜地焉。藐予小子。以禪治惑。以律扶衰。雖一刀直入。不能為嫡骨之兒。而三學相階。亦可作白茅之藉。顧惟業重福輕。障深慧淺。所賴攝護拔濟。豈小小哉。況不肖與惺谷。既盟兄弟之交。則於大師。便有伯父之誼。敬賦俚言以表仰信。非敢飾辭。聊取達意云爾。					骨之兒。而三學相階。亦可作白茅之藉。況與惺谷壽交。於師有伯父誼。敬賦俚言。	
			法王示寂如日冥。眾聖不住亦如電。猩臭狐涎濺九州。獅猊喘息僅如線。此時不有至人弔。孰與群生摧大敵。賴有吾師乘願來。直飲曹溪源一滴。一滴沾心徹骨康。嚬伸出窟增威力。四望高聲吼未終。百獸驚惶無處匿。堪嗟野干詐相親。拾取餘殘誑他國。自慚不具超方眼。	電線　十七霰去聲 敵滴　十二錫入聲 力匿國識　十三職 德減測勒翊　十三職				法王示寂朝日冥。眾聖不住暮拂電。狐涎猩臭濺九州。獅猊喘息僅如線。此時不有至人弔。孰與群生摧怨敵。吾師愍此乘願來。直飲曹溪源一滴。一滴沾腹徹骨康。出窟嚬呻增威力。四望高吼聲未極。百獸踐蹂驚避匿。堪嗟野干詐相親。拾取餘殘誑他國。自慚不具超方眼。以耳為目寧相識。今日相逢非偶然。嗣法無緣聊嗣德。願將一滴曹溪源。衍作百千大海減。願將法海百千流。匯作曹溪源莫測。九陛能令簾幙高。三宗莫作鼎足勒。藐爾予懷庶可舒。從茲共作能仁翊。	電線　十七霰 敵滴　十二錫 力匿國識德測勒翊　十三職

淨信堂初集	絕餘編				靈峰宗論				
			以耳為目寧相識。今日相逢非偶然。嗣法無緣聊嗣德。願將一滴曹谿源。衍作百千大海減。願將法海百千流。匯作曹谿源莫測。九陛能令簾幙高。三宗莫作鼎足勒。藐爾予懷庶可舒。從茲共作能仁翊。						
	17	弘願歌贈璧如兄（有引）	予向讀回生紀。而知王伯無居士。真奇人也。嗣又聞以大悲懺力。而眼仍如故。且以解脫心力。而飄然遐舉。益奇之。正擬與惺兄相訪。不意甫至博山。則居士現比丘相。稱璧如師矣。傾蓋如故。遂盟世外之交。且蒙以閱藏中事囑我。具見菩薩利他苦心。予俛仰時輩。憂切杞人。何幸棟隆有望。傾否可期。聊賦俚言志喜，非敢言贈也。 我友古人易。神交有書詩。古人友我難。逝者竟如斯。淳風雖遠猶未盡。慰我其惟王老師。師乘弘願生五濁。示現業感真奇卓。肉眼還同天眼開，比丘身自宰官覺。戒力懺力兩相侔。一衲一瓢	詩斯師　四支 濁卓覺　三覺入聲 侔留　十一尤					

<table>
<tr><th colspan="5">淨信堂初集　絕餘編</th><th colspan="5">靈峰宗論</th></tr>
<tr><td></td><td></td><td></td><td>隨去留。掩關楚國書大法。
光明時向毫端流。枯坐博山
究禪理。無邊義海一句收。
一句包含沒邊畔。毗尼教觀
同條貫。羨君悲智久雙修。
不似今時擔板漢。蒙君付囑
非偶爾。我思早已欲為此。
願借慈心三昧力。共布法雲
頒法喜。七寶池邊攜手行。
莫疑故國為他里。</td><td>流收　十一尤

畔貫　十五翰
修　十一尤
漢　十五翰
爾此喜里　四紙</td><td></td><td></td><td></td><td></td><td></td></tr>
<tr><td></td><td>18</td><td>贈璧如兄
掩關用博
山原韻</td><td>蕭然一室勝嵩山。覷破禪機
祇等閒。但莫將心擬牆壁。
去來何處不長安。</td><td>山閒　十五刪
安　十四寒</td><td></td><td>14</td><td>贈璧如兄
掩關用博
山原韻</td><td>蕭然一室勝嵩山。覷破禪機
只等閒。但莫將心擬牆壁。
去來何處不長安。</td><td>十五刪
十四寒</td></tr>
<tr><td></td><td>19</td><td>讀博山二
刻序寄懷
雨海居士
原韻</td><td>法林久已斁。憂豈僅分途。
競熾門庭見。誰思匡濟圖。
本宗曾未了。彼此鎮相誣。
掩耳心還痛。那堪調自孤。
快逢何惺谷。療我半沉痛。
尚友癖仍在。恒懷代木吁。

惺公謂我無太悲。泉南尚
有奇男兒。與君同庚亦同
志。與我身睽心不睽。我聞
惺公作是語。神交每向泉
南期。一朝捧讀答響序。恍
爾周公入夢時。知君正見
卓千古。知君能聲塗毒鼓。
知君能說必能行。莫將他
寶頻頻數。榮名數奇奚足</td><td>途圖誣孤痛吁
七虞

悲兒　四支
志　四寘
睽　八齊
語　六語
期　四支
序　六語
時　四支
古鼓　七麌
行　七陽</td><td></td><td></td><td></td><td></td><td></td></tr>
</table>

淨信堂初集		絕餘編			靈峰宗論				
			恤。丈夫自有擎天質。斯世膏肓即君疾。阿伽陀藥無令失。春深楊柳正芬芳。泉南即是毗耶室。	數　七麌 恤質疾失　四質 芳　七陽 室　四質					
	20	凌波行和旻昭及無異師	浪涌波翻奚足愁。堪嗟河伯徒誇秋。海若納川不用謀。觀水有術宜湍流。滾滾滔滔勢無竭。大地山河一片雪。驚濤拍天景況同。逆風舉棹伎倆別。撞破須彌顛倒走。帝釋鼻孔失其守。三世諸佛不知有。熾然生滅無量壽。高原隔望徒疑危。未入舟中那許知。旋嵐弗向空劫吹。爾談本是毗盧師。休教坐向不動地。跛鼈盲龜向上事。能祖風旛爛葛藤。等閒笑破第一義。縱橫出沒不求安。魔佛由來手裏丸。冷看彼岸先登客。正屬長安夢未殘。	愁秋謀流　十一尤 雪別　九屑　入聲 走守有壽　二十五有 危知吹師　四支 地事義　四寘 安丸殘　十四寒					
	21	贈戒珠偈（有序）	戒珠禪兄。鳳陽天長馬氏子也。性至孝。刲肱救父。剖肝救母。名著鄉國久矣。迨其二尊人謝世。遂復剃染。修出世大孝。予舊歲遇於普陀。感其行篤志切。偕至雲棲受沙彌戒。今復晤於金陵。道念益勤。乃與惺谷兄			15	贈戒珠（有序）	戒珠禪兄。鳳陽天長馬氏子。刲股救父。剖肝救母。迨二尊謝世。遂薙染。願入予淨社。拈此。 毘尼禪觀互莊嚴。攜手同歸極樂天。贏得孝思為行本。戒珠朗握照三千。	一先

淨信堂初集		絕餘編			靈峰宗論				
			等締莫逆交。願入淨業勝社。為拈一偈以作左券。 毗尼禪觀互莊嚴。攜手同歸極樂天。贏得孝思為行本。戒珠朗握照三千。	天千　一先					
	22	贈一門（有小引）	偕皈一汝航二兄遊棲霞，值法華靜主入關，一門兄遂以靜廬為二兄安居地，賦此相贈，兼訂蓮邦之約。 棲霞山前蓮花池。棲霞山內蓮花室。關中時讀蓮華經。白社共托蓮花質。我攜同志為同盟。萬法攝來門祇一。一門深入更奚疑。舉頭誰不見千佛。繞旋千佛紫峰泉。飲者冷然沁禪骨。有時散步碧巖外。薄暮觀成懸鼓日。有時趺坐茅庵裏。午夜神遊安養窟。戒色莊嚴嵐氣清。唄聲和暢松濤沸。休夏無忘結夏期。從今自悉名須核。	池　四支 室　四質 質一　四質 疑　四支 日　四質 裏　四紙 期　四支					
	23	結夏靈谷與諸友言別	蓮盟浩劫事。萍浪片時踪。努力各前邁。拭眼待秋風。秋風一起百果實。男兒突出純鋼骨。荷擔正法煥然新。自度自脫非奇特。	無規律用韻					

淨信堂初集	絕餘編				靈峰宗論			
	24	棲霞三景（如來泉、千佛嶺、攝山頂）	如來泉（三聖殿接引導師像。乃鑿石所成。口中嘗出甘露。余因目之為如來泉。 相因石壁顯。泉向佛牙流。偏界沾真味。無勞問舌頭。 千佛嶺 似入飛來境。還疑彌勒樓。無邊色相海。光與白雲遊。 攝山頂 身棲碧霞外。目攝亂山峰。最是關情事。江帆萬里風。	流頭　十一尤 樓遊　十一尤 峰　二冬 風　一東		16	攝山	身棲碧霞外。目攝亂山峰。最是關情事。江帆萬里風。	一東 二冬
	25	贈別雪岸	蕭然一室孰為親。雪骨冰肌與道鄰。卒歲但將經作課。避時聊借病安身。交盟世外無懷土。居卜山中卻喜貧。何日虎林重握手。毗尼社裏有同倫。	親鄰身貧倫　十一真					
	26	示章一行居士	西方有路直如弦。莫把多岐徒自謾。五種戒身成淨業。一聲佛號透玄關。觀門須向聞思始。教理難將影響傳。牢把腳跟高著眼。相期握手寶池邊。	弦一先　謾十四寒 關　十五刪 傳邊　一先　鄰韻					
	27	械園無山堂歌	名葩盛滿械。擬供微塵方。飯後聊經行。煙霞癖已忘。堂構深山裏。山非堂外峙。見山不見山。未是無山旨。	方行忘　七陽 裏峙旨　四紙 好道抱　十九皓 望香鄉月　七陽					

淨信堂初集　絕餘編					靈峰宗論				
			無山山大好。非隔長安道。 長安何晏然。自我幽人抱。 幽人奚所望。時攬藕花香。 天樂鎮盈耳。須摩本故鄉。 送想寄懸鼓。寧須羨握塵。 欲識黃金地。祇此械園土。	鼓　七麌 塵　十一真 土　七麌					
	28	答卓無量居士偈	菩提心寶不思議。既發須令無間斷。滅一切惡無不盡。修一切善無不滿。度一切眾無有餘。匪徒虛解宜力行。力行當使悲智圓。一切弘誓得具足。善知慚愧深精進。是名照世無量光。若人雖有廣大心。仍被煩惱瀑流轉。斯則已身尚沉溺。欲度眾生無是處。是故卓君應勇猛。誓不忘失今日心。	斷滿　十四旱 無規律韻					
	29	一還方丈然香自新以偈贈之	無量白淨法。皆從覺悟生。 覺迷迷便滅。悟非非豈存。 迷滅非永盡。斯名照世燈。 始從一念錯。還從一念悔。 悔力既堅貞。乃能懺往罪。 三世悉清涼。是為一還義。 一還不復迷。然香表深誓。 五炷淨戒香。香光照蒙憒。 未懺殺業前。徧界皆殺緣。 已懺殺業後，徧界慈心圓。 未懺盜業日。徧界皆偷術。 已懺盜業後。徧界成寧謐。	法　十七洽 悔罪　十賄 涼香　七陽 前緣圓　一先 日術後謐　四質 際戾　八霽 後　二十六宥 曀　八霽 時危　四支 後　二十六宥 彝　四支 謎慧　八霽					

淨信堂初集	絕餘編				靈峰宗論				
			未懺婬業際，徧界皆邪戾。 已懺婬業後。徧界無塵曀。 未懺妄語時。徧界堪疑危。 已懺妄語後。徧界同秉彝。 未懺飲酒罪。徧界皆昏謎。 已懺飲酒業。徧界朗明慧。 此是不思議。無作妙戒體。 五分法身香。無不從茲起。 莫謂五戒小。直至菩提道。 莫謂懺力薄。由之入妙覺。 願盡未來劫。三業常調攝。 速成調御師。苦海為舟楫。	師　四支 劫　十七洽 攝楫　十六葉					
	30	贈澹居大德血書華嚴經	刺血書成法界經，展時無字不光明。導歸無量光王剎。不墮狂禪鼠唧鳴。	明鳴　八庚		17	贈澹居大德血書華嚴經	萬滴書成法界經。十王滴滴放光明。南詢末後一句子。不墮狂禪鼠唧鳴。	八庚
	31	贈印海一還二方丈持梵網並念佛	塵緣雖碌碌。佛法無多子。 亦不離塵緣。而覓佛法旨。 正念恒自持。淨戒畢生矢。 無被逆境動。莫為順境使。 有事尋常應。無事心便止。 藉境堪鍊心。心鍊剛骨峙。 屹然居中流。狂瀾賴以砥。 是名真住持。諸佛所讚美。 梵網微妙門。彌陀弘願璽。 欲契本覺源。但從今日始。	子旨矢使止峙砥美璽始　四紙					
	32	警遼儆偈	日照紙窗明。驀然起悲思。 但有好順人。曾無剛烈志。 猶如彼癡蠅。祇向窗前滯。 不肯猛回頭。云何得出世。	思志　四寘 滯世　八霽		18	警遼儆	日照紙窻明。驀然起悲思。 但有好順人。曾無剛烈志。 猶如彼癡蠅。只向窻前滯。 不肎猛回頭。云何得出世。	四寘 八霽

淨信堂初集　絕餘編					靈峰宗論				
	33	壽卓襄野居士	行直無諸委曲。心淨必須極證。勘破承虛接響。薦取全修即性。性具修兮修在性。此是吾家真究竟。以茲妙法祝君年。直至菩提永無病。	證性性竟病　二十四敬					
	34	題卓無量普觀圖	會依報為蓮花。攝三身為自己。非以身往彼方。非移蓮花到此。欲識箇中消息。問取無量卓子。	已此子　四紙					
	35	題鄧彰甫語小編	微塵大千小大無性。語大語小兩俱話柄。空中梵書文彩常炳。擬將眼觀便成眚病。未運筆前幾多逸韻。從茲精義以入禪。鄧君即是書中聖。	性柄柄病聖　二十四敬					
	36	淨土偈六十首（有序）	博山禪師拈淨土偈。每云淨心即是西方土。蓋欲因攝果也。讀者不達。遂至以理奪事。幾成破法。予觸耳感懷。更拈西方即是惟心土。凡六十首。隨機指示。俾以事扶理。而理不墮偏空。非敢駕軼先達。聊附於補偏救弊之職云爾。			19	淨土偈十四首（有序）	博山禪師。拈淨土偈。每云淨心即是西方土。蓋以因攝果也。讀者不達。遂至以理奪事。幾成破法。予觸耳感懷。每拈西方即是唯心土。俾以事扶理。聊附補偏救獘之職云。	
			西方即是惟心土。修證應須痛著鞭。莫把年華容易度。年華未必為君延。	鞭延　一先				西方即是唯心土。無上深禪不用參。佛向念中全體露。更生疑慮太癡憨。	二十八勘

淨信堂初集		絕餘編				靈峰宗論			
			西方即是惟心土。一串明珠萬行圓。掐到斷時頻換線。蓮邦左券更無愆。	圓愆　一先				西方即是唯心土。離土譚心實倒顛。念念總皆歸佛海。生盲重覓祖師禪。	一先
			西方即是惟心土。無上深禪不用參。佛向念中全體露。更生疑慮太癡憨。	參憨　二十八勘				西方即是唯心土。得見彌陀始悟心。寸土不存非斷滅。堂堂相好寂光身。	心　十二侵 身　十一真
			西方即是惟心土。離土談心實倒顛。念念總皆歸佛海。何須重覓祖師禪。	顛禪　一先				西方即是唯心土。欲悟惟心但念西。舌相廣長專為此。更求玄妙抑何癡。	西　八齊 癡　四支
			西方即是惟心土。一鉢三衣淨業優。珍重此生彈指過。彌陀未見莫先休。	優休　十一尤				西方即是唯心土。無相非從相外求。擬欲將心取無相。靈龜曳尾轉堪憂。	十一尤
			西方即是惟心土。欲證無生須護生。慈忍久修成淨業。珍池何慮不標名。	生名　八庚				西方即是唯心土。未識西方豈識心。逝子謬希圓頓解。拾將落葉作黃金。	十二侵
			西方即是惟心土。八德池中寶水盈。一滴飲人成淨種。六根都攝悟無生。	盈生　八庚				西方即是唯心土。更覓唯心見已違。光影揣摩成活計。蓮邦何曰薄言歸。	五微
			西方即是惟心土。得見彌陀始悟心。寸土不存非斷滅。堂堂相好寂光身。	心　十二侵 身　十一真				西方即是唯心土。擬撥西方理便乖。極樂一塵同剎海。假饒天眼未知涯。	九佳
			西方即是惟心土。須向今生透此關。百歲剎那何足戀。好將三學作司南。	關十五刪 南十三覃				西方即是唯心土。趁到同居第一關。但得九蓮能托質。寂光何慮不時還。	十五刪

淨信堂初集	絕餘編				靈峰宗論				
			西方即是惟心土。緣具方能了正因。忍慧互資成戒品。明珠護惜不宜輕。	因 十一真 輕 八庚				西方即是唯心土。土淨方知心體空。一切境風猶挂念。云何妄說任西東。	一東
			西方即是惟心土。欲悟惟心但念西。舌相廣長猶不信。更求玄妙抑何癡。	西 八齊 癡 四支				西方即是唯心土。莫把唯心旨趣誣。迷悟去來元藏性。謾言平等卻成迂。	七虞
			西方即是惟心土。上善同歸第一津。撥草瞻風無別指。會須薦取寂光身。	津身 十一真				西方即是唯心土。白蕅池開不用栽。一念頓教歸佛海。何勞少室與天台。	十灰
			西方即是惟心土。欲了惟心且制心。忍慧保持清淨種。莫嗔暗乍相侵。	心侵 十一真				西方即是唯心土。三昧中王道最微。瞥爾生疑千古隔。咬釘嚼鐵莫依違。	五微
			西方即是惟心土。未到西方深可危。夙障已如波浪涌。那堪新業又相隨。	危隨 四支				西方即是唯心土。慧日高懸第一機。事理雙融真淨業。現前何法不玄微。	五微
			西方即是惟心土。顯實開權悟妙蓮。字字發明圓頓解。始知讀誦有單傳。	蓮傳 一先					
			西方即是惟心土。齋戒堅持莫使疏。人世總皆跼蹐境。不須旅邸覓安居。	疏居 六魚					
			西方即是惟心土。巴鼻何須更問人。四句百非皆妙旨。欲求離絕便迷津。	人津 十一真					
			西方即是惟心土。無相非從相外求。擬欲將心取無相。靈龜曳尾亦堪憂。	求憂 十一尤					

淨信堂初集		絕餘編			靈峰宗論				
			西方即是惟心土。未識西方豈識心。何事謬希圓頓解。卻將落葉作黃金。	心金　十二侵					
			西方即是惟心土。理事相應始有功。日用未能違現行。如何妄欲擬真宗。	功　一東 宗　二冬					
			西方即是惟心土。更覓惟心見已違。光影揣摩成活計。蓮邦何曰薄言歸。	違歸　五微					
			西方即是惟心土。土淨心空病亦忘。良藥不勞從外覓。阿伽一味有餘香。	忘香　七陽					
			西方即是惟心土。錯認惟心遠故鄉。忘道見山紆見惑。漢官誰羨夜郎王。	鄉王　七陽					
			西方即是惟心土。篤信西方始信心。念念若開圓頓解。不須離教自玄深。	心深　十二侵					
			西方即是惟心土。寂寂惺惺功始微。覷破浮生無可戀。七珍池上喜相隨。	微　五微 隨　四支					
			西方即是惟心土。最苦娑婆根未剷。猛省直教癡愛斷。始知睿哲自超凡。	剷凡　十五咸					
			西方即是惟心土。好向西方早結趺。作是同源能諦信。觀成了了路非紆。	趺紆　七虞					

淨信堂初集		絕餘編			靈峰宗論				
			西方即是惟心土。擬撥西方理便乖。極樂一塵同剎海。假饒天眼未知涯。	乖涯 九佳					
			西方即是惟心土。無熟無寒樂事稠。況得妙音常歷耳。時同勝友共遨遊。	稠遊　十一尤					
			西方即是惟心土。八德珍池徹底清。入浴頓令塵垢淨。堂堂獨露法王身。	清　八庚 身　十一真					
			西方即是惟心土。妙在同居第一關。但得九蓮能托質。寂光何慮不時還。	關還　十五刪					
			西方即是惟心土。水鳥風柯向上機。無待百城煙水過。寶樓彈指自無疑。	機　五微 疑　四支					
			西方即是惟心土。妙法恒宣學問多。一人總持無盡藏。不勞呫嗶及咿唔。	多　五歌 唔　七虞					
			西方即是惟心土。剎海莊嚴映樹間。舉目便能遊歷盡。不須涉水更登山。	間山　十五刪					
			西方即是惟心土。土淨方知心體空。一切境風猶掛念。云何妄說任西東。	空東　一東					
			西方即是惟心土。念念求生事已遲。何故更隨岐路去。甘令沉溺沒歸期。	遲期　四支					

淨信堂初集		絕餘編			靈峰宗論				
			西方即是惟心土。莫把惟心旨趣誣。迷悟去來元藏性。謾言平等卻成迂。	誣迂　七虞					
			西方即是惟心土。白藕池開不用栽。一念頓教歸佛海。何勞少室與天台。	栽台　十灰					
			西方即是惟心土。觀破娑婆莫更遲。念念欲離三界毒。休教慈母憶孤兒。	遲兒　四支					
			西方即是惟心土。努力求生不用疑。天性至親從此會。寶池花影正參差。	疑差　四支					
			西方即是惟心土。悲智相應始克生。莫謂大悲應愍濁。化他須是自功成。	生成　八庚					
			西方即是惟心土。徹證惟心在此生。生實無生安用諱。莫貪玄妙喪天真。	生　八庚 真　十一真					
			西方即是惟心土。像季尤為法海梁。信念剎那能甫具。珍池已覺寶花香。	梁香　七陽					
			西方即是惟心土。就路還家力不勞。千聖相傳惟此實。莫將世樂較卑高。	勞高　四豪					
			西方即是惟心土。歷歷分明豈俟參。寶色似霞光似月。一花中有剎幢含。	參含　十三覃					

淨信堂初集		絕餘編			靈峰宗論				
			西方即是惟心土。莫羨娑婆幻質清。饒你莊矜終腐敗。何如蓮蕚永離縈。	清縈　八庚					
			西方即是惟心土。功行應教日日鮮。一息不存誰努力。豈將精進遜先賢。	鮮賢　一先					
			西方即是惟心土。努力同持精進幢。徹悟寂光還性覺。棲神終不離蓮邦。	幢邦　三江					
			西方即是惟心土。保故癡迷祇戀東。取捨極時方合轍。休將常寂作頑空。	東空　一東					
			西方即是惟心土。徑路歸家更不岐。母子會時本始合。觀音勢至奏塤箎。	岐箎　四支					
			西方即是惟心土。三昧中王道最微。瞥爾生疑千古隔。咬釘嚼鐵著依違。	微違　五微					
			西方即是惟心土。惡取空談勿誤聽。萬善緣因歸性具。莫教長劫枉竛竮。	聽竮　九青					
			西方即是惟心土。依正融通理本如。畢志棲神無自昧。性修交徹路寧紆。	如　六魚 紆　七虞　鄰					

淨信堂初集	絕餘編				靈峰宗論				
			西方即是惟心土。直捷從來難較勳。感應不離當念得。定中常侍聖明君。	勳君　十二文					
			西方即是惟心土。萬技千能一念含。海量法門深諦信。願將塵剎與君談。	含談　十三覃					
			西方即是惟心土。劫外長敷不謝花。無相法門從繪出。筆端全具白牛車。	花車　六麻					
			西方即是惟心土。愷悌慈祥第一因。念念不離無量覺。池中蓮蕚自芬馨。	因　十一真 馨　九青					
			西方即是惟心土。不比權乘歷劫修。一念圓成歸佛海。反觀身世等浮漚。	修漚　十一尤					
			西方即是惟心土。早把娑婆愛習除。五欲本來無可樂。好從皈戒覓玄珠。	除　六魚 珠　七虞					
			西方即是惟心土。慧日高懸第一機。事理雙融真淨業。現前何法不玄微。	機微　五微					
	37	和不我二偈	度水穿雲卒未休。為尋勝友拯迷流。不須坐向毗盧頂。十字街頭握手遊。	休流遊　十一尤		20	和不我	每歎宗乘事已非。盲修瞎鍊欲何為。知君獨具超方眼。枯木巖前路豈迷。	為　四支 迷　八齊
			每歎宗乘事已非。盲修瞎鍊欲何為。知君獨具超方眼。枯木巖前路豈迷。	為　四支 迷　八齊					

淨信堂初集　絕餘編					靈峰宗論				
	38	示智恆字鑑如	鑑徹真如體。元光本自恆。莫將明覺妄。幻作寂空塵。了了原無物。方宜拂拭勤。秀能親切旨。會得不須分。	恆十蒸 塵　十一真 勤分　十二文		21	示智恆字鑑如	鑑徹真如體。元光本自恆。瞥生明覺妄。幻作寂空塵。了了元無物。方宜拂拭勤。秀能親切旨。會得不須分。	恆十蒸 塵　十一真 勤分　十二文
	39	示用恆薙髮	僧相堂堂非偶然。應思步履倣前賢。明心好向三皈始。 立志還從五戒先。勤苦不辭成福聚。誦持無闕悟靈源。 衹今頓使波旬怖。戰勝何須待具圓。	然賢先　一先 源　十三元 圓　一先		22	示用恆薙髮	明心好向三皈始。立志還從五戒先。勤苦不辭成福聚。誦持無闕悟靈源。	先　一先 源　十三元
	40	示寶所	著有落人天。著空墮三惡。惟有西方土。超出有無國。 熾然求往生。莫復存疑想。設更謾躊躕。偏邪見日長。 思量分別法。謗於真智慧。永劫沉深坑。諸佛無能救。 好向事中求。勿從空中取。步步踐實地。疾得到寶所。	惡　七遇 土　七麌 想長　二十二養 救　七麌 取　七麌 所　六語		23	示寶所	著有落人天。著空墮三惡。惟有西方土。超出有無縛。 熾然求往生。莫復存疑想。介爾纔躊躕。偏邪見日長。 思量分別法。謗於真智慧。永劫沈深坑。諸佛無能濟。 種麥少蹋土。亦勿乘空取。中行踐實地。疾得到寶所。	惡縛　十藥 想長　二十二養 慧濟　八霽 土取　七麌 所　六語
	41	示虞居士	西方即是惟心土。上善同歸多眷屬。衹應念念向家鄉。不須旅邸愁孤獨。旅邸萍跡總是空。丈夫自有光明燭。照破昏衢迷路人。西湖楊柳年年綠。	屬　二沃 獨　一屋 燭綠　二沃					

淨信堂初集	絕餘編				靈峰宗論				
	42	過槜李東塔見禪師上堂有感（4首）	樹杪聲聲泣露哀。岸舟魚背漫相猜。宗乘頓逐東流下。觸目難禁淚滿腮。 一滴狐涎徹體腥。那堪拈向法王庭。卻慚普眼能弘護。猶使天人掩耳聽。 聾人聽曲啞人歌。跛躄相將共伐柯。今日已成冥暗界。不知向後又如何。 借問誰同嬰杵憂。區區一命為君留。應知天運無終否。負棘披荊未肯休。	哀猜腮 十灰 腥庭聽 九青 歌柯何 五歌 憂留休 十一尤		24	過槜李東塔見人上堂有感二首（詩題為二首，但卻收三首）	樹杪聲聲泣露哀。岸舟魚背漫相猜。宗乘頓逐東流下。觸目難禁淚滿腮。 一滴狐涎徹體腥。當陽鴉立法王庭。卻慚普眼能弘護。猶使天人掩耳聽。 聾人聽曲啞人歌。跛躄相將共伐柯。今日已成冥暗界。不知向後又如何。	十灰 九青 五歌
	43	己巳結冬永慶再閱律藏賦似歸一諸兄四首	歲晚寒方盛。安居籍道暉。愛踰冬月日。箴比佩弦韋。顧命宜頻想。時艱願早揮。此緣良不易。幸勿更依違。 為憐饑餓客。共集法資糧。三昧從聞慧。緣因首戒香。操宜松雪茂。交與蕙蘭芳。莫漫辭繁瑣。應知功不唐。 自愧非堅質。匡扶賴友朋。感茲英俊士。能作劣庸憑。歸命猶嫌晚。忘身亦所應。服勤函丈內。佇望雅相矜。 側聞鶯語好。不減雁聲諧。御侮惟吾輩。操戈歎彼儕。法同人共集。文與義俱匯。一洗今時陋。相將入聖階。	暉韋揮違 五微 糧香芳唐 七陽 朋憑應矜 十蒸 諧儕 九佳 匯 十賄 階 九佳		25	己巳再閱律藏似歸一諸兄二偈	歲晚寒方盛。安居藉道暉。愛逾冬月日。箴比佩弦韋。顧命宜頻想。時艱願早揮。此緣良不易。幸勿更依違。 自愧非堅質。匡扶賴友朋。感茲英俊士。甘作劣庸憑。皈命猶嫌晚。忘身亦所應。服勤函丈內。佇望雅相矜。	五微 十蒸

淨信堂初集 絕餘編					靈峰宗論				
	44	寄懷惺谷如是二兄及秣陵諸友	七年行腳漫嗟吁。一識惺公念已愉。多友甫欣茹彙吉。半江仍歎雁行迂。同風應不分吳越。礪志寧忘慎步趨。遙望舊遊頻致祝。莫教陳習作新痡。	吁愉迂趨痡 七虞					
	45	送歸一兄省親然香訂結社之約	春郊薄莫望。楊柳胡頎頎。行人競折取。頓使柔條稀。感時別知己。稠悵徒依違。匪關情見使。念法乃歔欷。法流日下誰復砥。獨有良朋允所歸。信相啟迪疑相析。為梁為棟亦為櫄。分襟半載奚足驚。締盟塵劫豈寒盟。羨君天性睽能合。十年抑鬱於今平。悲我安居失所怙。問津發足徒紆程。擬將煉臂三焦炷。佇望深秋二鉆鳴。雅知慈願不我棄。謾云踪跡等浮萍。鶴峰不減雁山勝。須爾相扶折腳鐺。	頎稀違欷歸櫄 五微 驚盟平程鳴 八庚 萍 九青 鐺 八庚					
	46	送智度歸松陵	君不見貧燈士光徹夜明。遠勝君王百千炷。又不見沙彌甫發大乘心。威德巍巍動師主。衣裏明珠曠劫存。竛竮辛苦何曾窶。謾將一口價酬勞。自生滿足徒栩栩。終朝止息草庵中。誰知長者真吾父。好向朱門認至親。免使	炷 七遇 主窶栩 七麌 父覩緣侮須樹乳 七麌					

淨信堂初集	絕餘編				靈峰宗論				
			慈尊從牖覩。昔來曾結勝因緣。於今飲膳還同釜。應念操戈徧域中。獨賴吾儕外御侮。棟梁椽柱各相須。莫謂能勝惟大樹。送君歸去憶君來。與君共擇香河乳。						
	47	擬古	流言深可傷。月旦知奚仿。 競將耳為目。未委音隨響。 青蠅每逐羶。幽蘭罕鑒賞。 蛙鼓奏簫韶。夜杌疑魍魎。 既忖漢圖迮。方誇夜郎廣。 單運嗤隻輪。浪鳴悲獨掌。 嗟哉有智人。唯復思塵網。	仿響賞魎廣掌網 二十二養					
	48	隱思篇 146 句	秋深白露濃。梁間燕不語。 悲我世外人。胡受世間圉。 笑貌帶枷桁。舉止同囹圄。 伯氏甫吹壎。仲氏將擊敔。 睆牆猶未央。外侮疇思御。 行覆多參差。言談亦齟齬。 既已亂宮商。習能諧律呂。 所趨萬品殊。終不相為侶。 隨處染情生。熟知咸在旅。 駟馬駕方馳。螳螂空怒膂。 羨彼耕力勤。欣然穫多穭。 嗟嗟釣魚翁。何事殖其御。	語圉圄敔　六語 御　六御 齬呂侶　六語 旅膂穭　六語 御　六御 鄰韻					

淨信堂初集　絕餘編					靈峰宗論				
			江湖浪自闊。未必偏奪與。 織女任劬勞。種麻將僻紵。 紡績未停機。小東軸已抒。 居諸曾幾易。摩竭倏相佇。 生前一嗜羔。瞬息身作羜。 輪轉靡暫停。宛似織時杼。 劣得片時歡。競言天所子。 茫茫爾餤河。何洲復何渚。 擬脫堅冰裂。復遭炎沸煮。 逼迫劫波長。由己非由汝。 或作群彙遵。裳冕時臨寧。 或作逋逃客。畏竄如烏鼠。	與勞機佇　六語 羜杼　六語 渚煮汝　六語 鼠					
			榮辱暫時分。同喪無常杵。 慧眼一遐觀。寧不深為癙。 早覓清冷泉。沃彼憂煩暑。 征途苦正殷。招手同來茹。 乍蘇疲困情。進之香積黍。 漸令澈體涼。衣以兜羅褚。 調適且康寧。華屋相安處。 莫令愁空乏。七財恒裕貯。 既盈福德資。兼設三昧醑。 此身永逸閒。眷屬喜相胥。 蕭然塵俗間。養豐智自諝。 妙辯稱機宜。大地為其楮。	杵癙暑茹　六語 黍褚處貯　六語 醑　六語 諝楮					

淨信堂初集			絕餘編		靈峰宗論				
			法雲方油油。甘露乃湑湑。 三輪甚微細。四悉收功巨。	湑巨拒詎　六語					
			邪外盡歸降。魔怨誰敢拒。 五逆信根生。闡提性非詎。						
			不讓百城童。追踪八歲女。 一念果相應。千佛咸垂許。	女許駏鉅　六語					
			尚嗤金翅王。況復千里駏。 解脫是非場。清泰鐵城鉅。						
			收來華藏邦。放去一粒秬。 十虛等浮漚。六即存商岠。	秬岠虡距　六語					
			虛空為殿堂。法界為鐘虡。 攝之無不融。揀之無不距。						
			扣擊絕區垠。音聲無處所。 克備百千樂。爰雨恒沙糈。	所糈阻苣　六語					
			塵相互莊嚴。不容亦不阻。 採來無盡根。奚更思苦苣。						
			赫日曜晴空。長夜須彌炬。 的的洞然明。直下何勞眡。	炬眡礎澨　六語					
			客來燈結花。雨至澤生礎。 覓石好登衡。酌泉須問澨。						
			蒸嘗斯縛芻。伏臘自陳俎。 肉紹每傳衣。螟蛉巧用詛。	俎　六語 詛　六御					
			家業各相承。徒施勸與沮。 獨笑北轅人。揚言欲之楚。	沮楚　六語					

淨信堂初集		絕餘編			靈峰宗論				
			亦曰荷百鈞。匹雛猶未舉。 漫謂愧璉瑚。噫嘻尚非筥。 宮牆應有門。趨蹡曷紊敘。 五味茍失調。眾舌熟肯咀。	舉筥敘咀　六語					
			三復五子歌。再思三王緒。 大廈匪一材。微纆合眾莒。 會得龍無首。共吟江有鱮。 海印發禪思。觀瀾聿在漵。	緒莒鱮漵 六語					
			攜手十玄門。慶快生平藇。 誘彼童蒙狙。朝三堪賦芧。 喜怒俾相忘。進退乃由序。 遐哉格外英。屹爾中流嶼。 我欲恒與親。相就西郊墅。	藇芧序嶼墅　六語					
	49	病中自歎並呈社友四首	見思紛擾亦堪憂。獨愧披緇志未酬。除境除心成兩橛。談宗談教倍多矛。深悲豈隔恒沙界。大誓終期塵劫留。弱羽傳枝誠自諒。願祈早附寶蓮舟。	酬矛留舟　十一尤					
			毗尼一線僅如絲。言行相違每自悲。擬集英賢同荷負。不堪臭味尚參差。四商吾欲尋心老。三學誰思繼古規。盡道捨枝方得本。那知摧葉幹將危。	絲悲差規危　四支					
			拈頭作尾祇尋常。錯認源流最可傷。適意不妨言戒緩。憚繁每欲笑尋行。坐觀綱紐	常傷行鄉　七陽 降　三江　鄰韻					

淨信堂初集		絕餘編			靈峰宗論				
			隳斯世。誰發深心契樂鄉。謾道逆情方順性。未知何日把情降。 半身病廢定無堅。知我應垂格外憐。豈願榮名存旦暮。祇求佛法永坤乾。毗尼誰實非同行。顧命胡為讓仔肩。上品上生誠有志。具諸戒行不宜捐。	 堅憐乾肩捐　一先					
	50	無聊吟	未識無聊計。恒懷有感情。蛩鳴秋夜冷。雁掠曉天橫。弘護思祇樹。浮沉擬水萍。孤心對明月。直視自忘瞪。	情橫　八庚 萍　九青 瞪　八庚					
	51	贈建初然香發願	茫茫三界盡如盲。莫向塵緣徒自醒。五戒不持人道遠。三皈未曉障途縈。然香預辦翻邪志。秉法無宜失早程。物轉轉他惟一念。佇看慈杖破魔兵。	盲醒縈程兵　八庚					
	52	贈孤休老師二首	舉世皆行假。惟君猶尚真。操從冰雪勵。量托聖言申。為法悲方切。研機志未伸。相逢不恨晚。願共燭迷津。 盡擬超方便。誰知路轉退。已存悲救想。好把願輪雕。既息螳螂怒。方參郢匠寮。蓮盟吾已締。樂地幸相招。	真申伸津　十一真 雕寮招　二蕭					

淨信堂初集	絕餘編				靈峰宗論			
	53	贈參己	盡大地是箇自己。彌陀亦在裏許安身。盡法界。不出彌陀一毛孔光明。自己更向何處著腳。 念念彌陀念念己。自他不隔是真參。若從少室求端的。鈍置己靈深可憐。故今參己無別事。六時長憶紫金仙。丈夫不惜庸流笑。但願同歸極樂天。	憐仙天　一先		26	贈參己	盡大地是箇自己。彌陀亦在裏許安身。盡法界不出彌陀一毛孔光明。自己更向何處著腳。念念彌陀念念己。自他不隔是真參。若從少室求端的。鈍置己靈深可憐。故今參己無別事。六時長憶紫金仙。	身　十一真 明　八庚 腳　十藥 參　十二侵 的　十二錫 憐仙　一先
	54	贈若雲二首	盡說乘為急。誰知戒不迂。缶瓶難貯乳。魚目豈成珠。既欲遵遺教。應思向樂都。淨因期共最。一挽末時趨。 十載風塵隔。初心矢未忘。淨修雖小後。弘誓適相當。遜志情緣短。忘年道意長。勉旃勤晚節。不羨菊花香。	迂乳珠都趨　七虞 忘當長香　七陽		27	贈若雲	盡說乘為急。誰知戒不迂。缶缾難貯乳。魚目豈成珠。剎海遵遺教。朝宗向樂都。淨因期共勗。力挽末時趨。	七虞
	55	示印心觀禪人	欲悟惟心觀。應思圓頓章。世伊聊借喻。天目未相當。絕待非文字。離微豈斷常。隨緣能薦取。法海任徜徉。	章當常徉　七陽					
	56	示法舟經禪人	解脫非干默。文言性自玄。教分十二部。理合百千淵。見月能忘指。觀心己入禪。常遊薩婆若。何法不稱圓。	玄淵禪圓　一先					

淨信堂初集	絕餘編				靈峰宗論				
	57	乞香三首	純燒沈水訓昭然。誰作山中第一檀。煙未騰空香已徧。論功寧止直三千。 一度添香一度欣。鼻根顯出古觀音。直教共證香岷法。不負當時檀施心。 香施從來不厭多。然時堪使夢魂蘇。無生理自煙塵迸。非鼻非空豈麼羅。	然　一先 檀　十四寒 千　一先　鄰韻 音心　十二侵 多　五歌 蘇　七虞 羅　五歌					
	58	寄懷皈一兄	故人遠在天之涯。我欲相依緣未諧。松風鳥語增悲思。流水白雲空掛懷。浮踪萍梗奚足恤。切磋友誼那堪失。一自與君分袂來。藥無瞑眩寧瘳疾。去堊固有惺公郢。作範誰將嚴淨警。嗟我燈光自照難。幽機獨賴同仁炳。是以隨君巖谷思。洞庭荒草久為耛。天廚雖未分香供。趺坐已堪忘日移。囑君無替昔時約。飄然一葦全金諾。新秋徐步鶴峰前。側耳佇聽傳信鵲。	涯諧懷　四支 恤失疾　四質 郢警炳　二十三梗 思耛移　四支 約諾鵲　十藥					
	59	警惺谷兄	虱多不癢。債多不愁。世人昧昧。何足與儔。一芥翳天。一塵覆地。最要防閑。學人習氣。未預法流。止名乾慧。開眼尿牀。倍堪慚愧。欲臻二利。須慎細德。輪翼不虧。	愁儔　十一尤 地　四寘 氣　五未 慧　八霽 愧利　四寘（霽寘未　鄰）		28	警壽兄	蝨多不癢。債多不愁。世人昧昧。何足與儔。一芥翳天。一塵覆地。最要防閑。學人習氣。未預法流。止名乾慧。開眼尿牀。倍堪慚愧。欲臻二利。須慎細德。輪翼不虧。	愁儔　十一尤 地　四寘 氣　五未 牀愧　四寘

淨信堂初集	絕餘編				靈峰宗論				
			高遠無失。	德　十三職 失　四質　鄰				高遠無失。	
	60	割股救惺谷兄	幻緣和合受茲身。欲剜千瘡愧未能。爪許薄皮聊奉供。用酬嚴憚切磋恩。	身　十一真 能　十蒸 恩　十三元		29	割股救惺谷兄	幻緣和合受茲身。欲剜千瘡愧未能。爪許薄皮聊奉供。用酬嚴憚切磋恩。	十蒸 十三元
	61	答初平發願偈	有願無行。如人無足。有行無願。如盲無導。信步前行。嶮惡誰保。丁茲末季。法弱魔強。縱有乾慧。猶難穩足。況雖立志。慧眼未開。今生不度。更待何生。阿彌陀佛。大願深慈。如母憶子。子何弗思。若不至心。早暮迴向。悠悠緩縱。即逃逝人。非必訶謗。乃名逃逝。汝今已能。奮然自新。當知珍池。斯萌蓮蕊。從今數發。相續不斷。斯可名為。勇猛丈夫。如或未然。仍前習氣。始勤終惰。口向心背。既非菩薩。亦非二乘。常在三界。出沒輪迴。自未能度。云何度人。如被漂者。欲拯岸行。如癩病者。賣瘡癬藥。愚癡顛倒。舉世所嗤。汝既發心。我深隨喜。復為勸助。使得堅忍。同覲慈尊。共化塵剎。盡未來際。永矢弗諼。願汝精勤。先成佛道。我作文殊。助汝揚化。	行　七陽 導　二十號 行　七陽 保　十九皓 強　七陽 慧　八霽 志　四寘 子　四紙 思　四寘 向謗　二十三漾 逝　八霽 蕊　四紙 為　四寘 氣　五未 背　十一隊 喜　四紙 尊　十三元 際　八霽 諼　十三元 勤　十二文		30	答初平發願偈	有願無行。如人無足。有行無願。如盲無導。信步前行。嶮惡難保。丁茲末季。法弱魔強。縱有乾慧。猶難穩足。況雖立志。慧眼未開。今生不度。更待何生。阿彌陀佛。大願深慈。如母憶子。子何弗思。若不至心。早暮回向。悠悠緩縱。即逃逝人。非必訶謗。乃名逃逝。汝今已能。奮然自新。當知珍池。斯萌蓮蕊。從今數發。相續不斷。斯可名為。勇猛丈夫。如或未然。仍前習氣。始勤終隋。口向心背。既非菩薩。亦非二乘。常在三界。出沒輪迴。自未能度。云何度人。如被漂者。欲拯岸行。如癩病者。賣瘡癬藥。愚癡顛倒。舉世所嗤。汝既發心。我深隨喜。復為勸助。使得堅忍。同覲慈尊。共化塵剎。盡未來際。永矢弗諼。願汝精勤。先成佛道。我作文殊。助汝揚化。	行　七陽 導　二十號 行　七陽 保　十九皓 強　七陽 慧　八霽 志　四寘 子　四紙 思　四寘 向謗　二十三漾 逝　八霽 蕊　四紙 為　四寘 氣　五未 背　十一隊 喜　四紙 尊　十三元 際　八霽 諼　十三元 勤　十二文

淨信堂初集	絕餘編				靈峰宗論			
	62	示初平發心	莫謂菩提心難發。屠刀放下立成佛。莫謂菩提心易發。杯水豈停鼎內沸。欲明曠劫大因緣。先把生平懷抱拂。眼前活計若關情。本地風光終受屈。應思法日已將傾。群靈失怙真堪鬱。智悲一念頓相應。妙用何勞向外乞。勸君速發難發心。從來由己非由物。	佛 拂 屈 鬱 乞 物 五物		31	示初平發心	莫謂菩提心難發。屠刀放下立成佛。莫謂菩提心易發。杯水豈停鼎內沸。欲明曠劫大因緣。先把生平懷抱拂。眼前活計若關情。本地風光終受屈。勸君速發難發心。為仁由己非由物。	五物 沸　五未
	63	聞謗	所言之過若有實。既已有實何名謗。所言之過若無實。既不相干亦豈謗。若以語言為謗事。後字未出前音滅。若以書文為謗事。白者是紙黑是墨。如是觀謗謗安在。云何於謗輒生惱。四大本空蘊非我。誰為能謗誰受謗。既能聞謗無瞋恨。復應發起大悲心。我由無始迷本覺。幻業積集結諸怨。是故今招惡口加。皆因往昔自業力。又復修道未精確。威德尠劣致群疑。若不慚愧自尅責。損彼損己罪所生。若知因謗自增勝。謗者即是良善友。因於謗故長大悲。彼人當得殊勝利。謗為明鏡照我疵。	實　四質 謗　二十三漾 實　四質 謗　二十三漾 事　四寘 事　四寘 墨　十三職 在　十一隊 謗　二十三漾 恨　十四願 覺　三覺 怨　十四願 力　十三職 確　三覺 責　十一陌 悲　四支 利　四寘 疵　四支 病　二十四敬		32	聞謗	所言若有實。三根何名謗。所言若無實。不干亦豈謗。若以語言為謗事。後字未出前音沒。若以文書為謗事。白者是紙黑是墨。謗安在。云何忸。四大空。蘊非我。誰能謗。謗誰受。既無瞋憾。應發悲心。我由無始迷本覺。幻業積怨成稠林。是故今日惡口加。皆因往昔自業侵。又復修道未精確。威德堪劣致群疑。若不慚愧自克治。損彼損己罪所基。我因謗。增智斷。謗者速圓恩德。恩圓即是如來。智斷德滿成佛。謗為明鏡戚我醜。謗為甘露飲我藥。謗是炎時清涼風。謗是睡時大鼓角。謗為法界趣不過。謗謗共登無上覺。	忸受　二十五有 林侵　十二侵 疑基　四支 藥　十藥 角覺　三覺

淨信堂初集	絕餘編				靈峰宗論			
			謗為甘露療我病。謗是炎時清冷風。亦是睡得大聲鼓。覺悟夢士令速醒。消除熱惱常安樂。謗為法界趣不過。彼已共登無上覺。	醒　二十四迥 樂　十藥 覺　十九效				
	64	輓惺谷兄	徹底婆心未肯休。不堪業運已遷流。浮漚雖逐虛緣散。熱血應同實際留。自射果然難下手。為人須是再低頭。臨行贈汝無多子。一句彌陀作大舟。	休流留頭舟　十一尤		33	輓惺谷壽兄	徹底婆心未肎休。當場業運已遷流。浮漚影逐虛緣散。熱血腥同實際留。射自果然難下手。為人須是再低頭。臨行贈汝無多子。一句彌陀作大舟。	十一尤
	65	輓抱一	六十年來常守退。臨行一著卻爭先。塔中五色光能現，照破娑婆不曉天。	先天　一先					
	66	示章淨見法號明諦	每歎邊邪見。垣隨濁智流。妄識將為性。頑空認作洲。未明四諦法。豈信樂邦舟。急須開慧眼。徹見法王猷。理貴事中顯。性從修處求。淨心求淨行。因淨果方侔。教觀常熏習。師資須共遊。拔去塵情染。祛除異說蟊。既坐蓮花座。還遊彌勒樓。共觀無際海。不復戀浮漚。三學一心薦。剎網一塵收。朗然歸大覺。切勿半途休。殷勤重致囑。金性定非鍮。好具超方眼。同開舉世幽。	流洲舟猷求侔遊蟊樓漚收休鍮幽十一尤					

淨信堂初集	絕餘編				靈峰宗論			
	67	示存朴	欲作法王臣。應思善自養。止惡不須懲。行善何勞獎。三業並緣慈。四儀恒不爽。戒為勝瓔珞。忍是堅鎧仗。鎧仗可降魔。瓔珞人天仰。習氣漸能消。定慧油然長。觸事當再思。見聞宜日廣。舉止異常流。步趨效龍象。捨卻片時謀。方獲剎塵讜。珍重此生中，決出娑婆網。	養獎爽仗仰長廣象讜網　二十二養		34	示存朴	欲作法王臣。是玉善自養。止惡無刑懲。行善無穀獎。三業並緣慈。四儀恆勿爽。戒為勝瓔珞。忍是堅鎧仗。習氣漸漸消。定慧油油長。捨卻片時謀。方獲剎塵讜。彈指非昔人。速出娑婆網。	二十二養
	68	示惟一	理行原從事度周。一光東照復何求。桂香滿院銀皎。萬派千江月影侔。	周求侔　十一尤				
	69	樂友偈	山居絕塵境。惟以德為鄰。法備千如網。人堪萬古掄。昔年恒夢傶。今日喜如闉。採蕨甘忘世。無勞告食貧。馬麥償餘報。賢朋味自長。共期塵劫志。渾覺逆緣良。快論能消暑。微談足潤腸。波旬徒喪力。端不奈鍾郎。昔臥皋亭室。緣強亦倍憂。有糧心豈慰。無友疾寧瘳。三益時相對。八風奚足酬。靈峰一片石。信可矢千秋。已入芝蘭室。同披慚愧衣。法流從內涌。塵務任前飛。抱病姑藥拙。忘言且息幾。浴沂欣有伴。更莫歎知希。	鄰掄闉貧　十一真 長良腸郎　七陽 憂瘳酬秋　十一尤 衣飛幾希　五微				

淨信堂初集	絕餘編				靈峰宗論				
	70	示潘智海法號戒如	戒體本無作。如心不可盡。心量不可知。以智知無盡。佛智無有涯。佛戒亦如是。故以大海喻。受者亦復然。汝名為智海。當從戒藏人。定慧從茲生。即向戒中得。一切法趣戒。一切水趣海。無漏淨色身。始從今日得。修性已交成。莫更從他覓。	知涯　四支 是　四紙 海　十賄 人　十一真 生　八庚 得　十三職 海　十賄 身　十一真 得　十三職 成　八庚 覓　十二錫					
	71	示成廉剃髮二首	微動金刀髮已殫。良緣莫作等閒看。堂堂戒體應時顯。浩浩情波立地乾。求寂義歸本始合。舍那因自息慈完。殷勤致語無他法。頭正塵知尾自端。 出家一事元無等。顧義思名須自肯。解脫不獨在方袍。道成始克稱圓頂。但將情見細捐除。莫謂聖賢途實迥。三學熏修正是時。沉米歷劫從今醒。	看乾完端　十四寒 等肯頂迥醒　二十四迥					
	72	示諸四完二首	丈夫志氣在千秋。自立從容貴學優。心性直教言下徹。浮名豈向世間求。山河國土空中影。事業功名水上漚。珍重此生須了卻。蓮花寶地共遨遊。	秋優求漚遊　十一尤		35	示諸四完	丈夫志氣在千秋。自立從容貴學優。斯語直教言下信。浮雲豈向世間求。山河國土空中影。事業功名水上漚。觸著儒童聲慟處。蓮華寶地共遨遊。	十一尤

淨信堂初集	絕餘編				靈峰宗論				
			世典非真不可膠。莫嫌庸侶漫相嘲。願將大覺為師友。忍使身心棄野郊。一念不生猶未是。六情紛動更成泡。殷勤早學真三昧。迥脫塵寰愛見巢。	膠嘲郊泡巢　三肴					
	73	示涵宏	欲求出世慧。先斷世間愚。身界元非實。根塵性本無。聞思宜自勖。名利不堪娛。念莫馳情境。躬恒慎所趨。三皈知究竟。十戒握機樞。和忍成心德。精勤作勝謨。持經神在定。憶佛智能孚。應痛娑婆網。從來已切膚。早圖安養策。肯復滯方隅。放下眼前計。超登最上衢。殷勤毋暴棄。同人法王都。	愚無娛趨　七虞 樞謨孚網膚 隅衢都		36	示涵宏	欲求出世慧。先斷世間愚。身界元非實。根塵性本無。聞思宜自勗。名利不堪娛。念莫馳情境。躬恆慎所趨。三歸知究竟。十戒握機樞。和忍成心德。精勤作勝謨。持經神在定。憶佛智能孚。曳轉從前履。超登最上衢。	七虞
	74	示陳蘭宇	怨親本平等。心明境自泰。若執爾我相。循環互相害。念佛修慈忍。皈戒善中最。應知生與我。性本無內外。觸境能正觀。同人蓮池會。	泰害最外會　九泰					
	75	警初平	末劫修行。少成多殆。翼翼兢兢。始終莫改。慎勿師心。硬作主宰。觀色察言。如臨如在。謙恭牧己。毋思露彩。但省我非。不念人罪。八喻銘心。恆觀法海。虛矯未除。	殆改宰在　十賄 彩罪海餒 悔鎧		37	警初平	末劫修行。少成多殆。慎勿師心。硬作主宰。觀色察言。如臨如在。謙恭牧己。毋思露彩。但省我非。不念人罪。八喻銘心。恆觀法海。虛矯未除。真味斯餒。	十賄

淨信堂初集		絕餘編			靈峰宗論				
			真味斯飯。善聽斯言。庶無後悔。諦審諦惟。堅披忍鎧。						
	76	贈慧幢	舉世不知真。吾獨不愛假。 先進未為俚。後進何嘗雅。 羨君坦夷性。堪入毗尼社。 梁柱互相資。共構如來廈。 靈鷲夏方休。金庭茅欲把。 晏坐小湖巔。群峰拜其下。 梵唄叶濤聲。身世觀野馬。 粗垢幸先除。相將歸大冶。 三學本同源。海墨未能寫。 盟交劫外英。豈歎人知寡。	假雅社廈　二十一馬 把下馬冶 寫寡					
	77	六具沙彌請藏歸靈峰以偈示之	習性原無定。緣熏信可更。 初功歸始覺。究竟在躬行。 羨爾靈基厚。能令法藏成。 既培真智種。亦享世間名。 破格已非易。慎終應自盟。 謙光堪化物。戒德足降情。 莫謂水恆濁。珠投當下清。 先心誠不改。佇看伏魔兵。	更行成名盟情清兵　八庚					
	78	山中樂志偈四首	幻境雖無定。菩提志自堅。 已知身世累。寧被利名遷。 宴寂籤書後。談經受食前。 何須商四事。一鉢是良田。	堅遷前田　一先		38	山中三首	幻境冥無定。菩提志自堅。 已知身世累。寧被利名遷。 宴寂籤書後。譚經受食前。 懶從商四事。一鉢是良田。	一先
			不問人間世。惟參第一天。 諦從緣境發。火必指薪傳。 絕待方稱妙。離微始入玄。 獨知聊自契。古道豈求憐。	天傳玄憐　一先				不問人閒世。惟參第一天。 諦從觀境發。火必指薪傳。 未識兼山艮。徒勞夕惕乾。 塵緣能頓謝。正法可全肩。	一先

淨信堂初集	絕餘編				靈峰宗論				
			未識兼山艮。徒勞夕惕乾。 塵緣能頓謝。正法可全肩。 步履完先哲。規繩啟後賢。 摩尼奚足羨。戒月燭三千。	乾肩賢千　一先				麗澤功非細。膏肓亦可痊。 名言醒渴夢。快論入深禪。 步履宗先哲。規繩啟後賢。 摩尼奚足羨。戒月燭三千。	一先
			麗澤功非細。膏肓亦可痊。 名言醒渴夢。快論入深禪。 三益時相聚。百城恍已連。 雅盟終勿替。同著祖生鞭。	痊禪連鞭　一先					
	79	哭慧濟示權律主	每歎毗尼苑。於今久已荒。 開遮誰實諳。輕重幾曾商。 既切横流痛。恆歌如玉章。 遡涸心未遂。應化跡先藏。 安養神雖泰。娑婆願孰勷。 盡迷扶律旨。徒欲漫談常。 擬効孤臣力。終慚明聖王。 臨風頻涕淚。遙染戒身香。	荒商章藏　七陽 勷常王香		39	哭慧濟示權律主	永歎毘尼苑。於今久已荒。 開遮誰實諳。輕重幾曾商。 既切横流痛。恆歌如玉章。 天傾扶律者。誰與共譚常。	七陽
	80	托鉢里中言志四首	久送蓮邦想。塵緣亦已冰。 綢繆非為子。急遽止因朋。 持疏慚違律。分糧不愧僧。 慢幢今永折。河伯可無憎。	冰朋僧憎　十蒸		40	托鉢有懷	同盟有四士。二友已馳西。 獨賴伯與仲。相期提且撕。 慧基欣不遠。玄德憾猶暌。 末後未明句。何時共醒迷。	八齊
			千古英豪志。雄心未易忘。 為思圖永味。不復畏風霜。 友誼堪塵劫。形神付杪芒。 可憐青白眼。終日逐炎涼。	忘霜芒涼　七陽					
			法道夷陵痛。誰將妙藥痊。 半珠能見惠。全體可時捐。 未諒平性癖。翻疑話語護。 捫心聊自慰。知我實惟天。	痊捐護　七遇 天　一先					

淨信堂初集		絕餘編			靈峰宗論			
			同盟有四士。二友已馳西。獨賴伯與仲。相期提且撕。慧基欣不遠。玄德恨猶睽。未後未明句。何時共醒迷。	西撕睽迷　八齊				
	81	卜居十八事(有序)	予性懶拙。不能作住山人。十年行脚。知我寥寥。邇來並二三盟友。亦復凋零大半。益厪法門遠憂。乃順歸師雅癖。奉大士慈命。誅茅西湖。為結伴潛修計。而障重緣慳。人財兩散。遂以一身充眾役。有生之苦。誰能自諱。然衡慮困心。勞筋苦骨。未必非磨礲真性之具。由是不敢自暴自棄。觸境逢緣。增益不能。隨事拈成一偈。用作同行資糧。詞俚意淺。非所計也。事切情真。庶幾有焉。 摘蔬 一般從地發。肥瘠為誰殊。信手和根取。僧前翠滿盂。 烹菜 油必先時用。鹽宜熟後加。何勞覓香料。火到味能奢。 作飯 黃粱冷水下。白粲沸湯應。切忌無端動。惟須任運騰。	殊盂　七虞 加奢　六麻 應騰　十蒸		41	卜居十八事(有序)	順歸師雅癖。奉大士慈命。誅茅西湖。不敢自暴棄。隨事拈一偈。 一般從地發。肥瘠為誰誅。信手和根取。僧前翠滿盂。(摘蔬) 油必先時用。鹽宜熟後加。何須覓香料。火到味能奢。(烹菜) 黃粱冷水下。白粲沸湯應。切忌無端動。氤氳任運騰。(作飯) 五沸占湯候。三投驗適時。從來清逸味。不許醉翁知。(點茶) 散專恆順勢。文武亦隨機。析盡薪窮際。灰從何處飛。(然火)	七虞 六麻 十蒸 四支 五微

淨信堂初集			絕餘編		靈峰宗論				
			點茶 五沸占湯候。三投驗適時。 從來清逸味。不許醉翁知。	時知　四支				幾人新舊位。核鉢數分明。 只恐堂中客。貪嘗不溼羹。 （行堂）	十一尤
			然火 散專恆順勢。文武亦隨機。 更問薪窮際。灰從何處飛。	機飛　五微				滌器先除滓。無令餘膩留。 低聲歸本處。鍼咽未生愁。 （淨碗）	十灰
			行堂 幾人新舊位。碗缽數分明。 祇恐堂中客。貪嘗不濕羹。	明羹　八庚				帶水拖泥去。搬磚運瓦來。 鮮魚與甕鼈。滿面且蒙埃。 （直院）	四支
			淨碗 滌器先除滓。無令餘膩留。 低聲歸本處。鬼趣不須愁。	留愁　十一尤				果因真不昧。取與自無私。 為問生薑辣。於今味孰知。 （知庫）	四支
			直匠 帶水拖泥去。搬磚運瓦來。 祇圖良友益。寧惜面蒙埃。	來埃　十灰				問訊常先意。寒溫任所宜。 現成茶一盞。莫受趙州欺。 （待客）	四支
			知庫 果因不可昧。取與自無私。 為問生薑辣。於今味孰知。	私知　四支				隨智隨情說。同條復異枝。 聲前一著子。留待當家兒。 （荅問）	七虞
			待客 問訊常先意。寒溫任所宜。 現成茶一盞。莫受趙州欺。	宜欺　四支				強變機原異。剛柔克亦殊。 氣平心息後。這著可曾輸。 （調諍）	十一真
			答問 隨智隨情說。同條復異枝。 聲前一著子。留待當家兒。	枝兒　四支				無上明王印。寒潭月一輪。 八風吹不破。冰雪亦陽春。 （持呪）	十一覃

淨信堂初集　絕餘編					靈峰宗論				
			調諍 強變機緣異。剛柔克亦殊。 氣平心息後。這著可曾輸。	殊輸　七虞				慈尊無量號。介爾有心含。 生佛原非隔。深禪何必參。 （念佛）	九泰
			持呪 無上明王印。寒潭月一輪。 八風吹不破。冰雪亦陽春。	輪春　十一真				好事不如無。莫作死句會。 一任能所分。從來非性外。 （禮拜）	十二侵
			念佛。 慈尊無量號。介爾有心含。 生佛原非隔。深禪何必參。	含參　十三覃					
			禮拜 好事不如無。莫作死句會。 一任能所分。從來非性外。	會外　九泰				瞥爾依他起。來蹤何處尋。 剎那生即滅。萬古自長今。 （觀心）	八庚
			觀心 瞥爾依他起。來踪何處尋。 剎那生即滅。萬古自長今。	尋今　十二侵				乞士原吾號。巡家豈擇貧。 不求應供果。等施倍關情。 （托鉢）	七陽
			托鉢 乞士原吾分。巡家不擇貧。 面皮生性厚。不以厲聲逡。	貧逡　十一真				高枕長舒腳。寧愁明日糧。 幾多顛倒夢。醒後一齊忘。 （宴息）	
			宴息 高枕長舒腳。寧愁明日糧。 幾多顛倒夢。醒後一齊忘。	糧忘　七陽					
	82	和一心居士放生偈	苦海從來不乏舟。那堪蠢蠢逐迷流。相吞強弱如輪轉。互作人羊沒尾頭。悲願解圍惺幻夢。法音開悟離沉浮。從今頓了三無別。無畏光中自在遊。	舟流頭浮遊　十一尤					

淨信堂初集		絕餘編			靈峰宗論				
	83	佛會偈	已信彌陀大願舟。共修三昧度迷流。六時行道無餘想。一句洪名似救頭。應痛盲龜常在溺。獨忻孔木祇今浮。殷勤接入無生理。七寶池邊握手遊。	舟流頭浮遊　十一尤					
	84	護蓮偈四首示蔡拙勝	不染缺泥性自潔。超然出水芳堪擷。一任風師雨伯摧。靈根獨立誰能蔑。 滿池紅白爭誇景。轉眼無常發深省。賴爾一枝劫外敷。東林重把家風整。 由來否極還須泰。天運原從人事會。寄語東君仔細看。夕陽朝乾無使昧。 種自威音那畔留。壞成生滅幾多秋。從今火內生芙蕖。無復同前汨愛流。	潔擷蔑　九屑 景省整　二十三梗 泰會昧　九泰 留秋流　十一尤					
	85	分衛歌答一心坦如二居士	道人高向山頭踞。衣食隨緣無遠慮。朝來懶得到人間。賴有驅烏勤外助。千家一鉢不辭勞。數眾兩餐咸可飫。天龍欲試道心堅。白雪橫飛如舞絮。縹緲峰頭路已迷。竹塢嶺崎復難去。冰為屣雪為衣。冒凍沖風靡敢居。夙興邁往暮方歸。既聽鐘聲尚疑處。從來信施已難消。況	踞慮助飫絮　六御 去　六御 居　六魚 處勮　六御 懅覷語洳　六御					

淨信堂初集　絕餘編					靈峰宗論				
			復行人身力勮。喂驢喂馬事如何。嚼著米虀真可懷。報言袖手坐禪人。好把三心仔細覷。一朝打算飯錢時。不知有苦誰堪語。殷勤各辨法資糧。莫使福田成沮洳。						
	86	法臣歌為聞道侍者（有序）	密藏閉禪師隱去。聞道尚未薙髮。從曾水部處歸覓師不得。遂痛哭而殂。行之陸居士。為予言之。不勝悲感。為作短衘以弄引大方云。 人生一尼奚足珍。從來積骨丘山均。丈夫委質事非偶。是以捐身泣鬼神。荊軻聶政未稱勇。田橫五百超夷倫。何況投誠事知識。傳來半偈堪知津。雪山大士標榜在。可憐流俗多邪因。順之則喜逆則怒。遠之則忘近始親。藏公隱去信奇絕。聞道孤臣尤不湮。長辭檀護歸方丈。覓師不見身為塵。人知生死乃永隔。豈信火傳非在薪。試問比丘飲蟲水。何如不飲先發真。以身殉道古來語。誰能矢作法王臣。嗚呼此意知音少。弔古徒勞淚滿巾。	珍均神倫津　因親湮塵　薪真臣巾　十一真		42	法臣歌為聞道侍者（有序）	密藏閉禪師隱去。聞道尚未薙髮。從曾水部處歸。覓師不得遂痛哭而殂。陸行之為予言之。 四大海水母乳盈。毘富羅山積骨均。荊軻聶政未稱英。田横五百超等倫。何況投誠事知識。傳來半偈堪知津。雪山大士標榜在。可憐流俗多邪因。順之則喜逆則瞋。遠之則忘近始親。藏公隱去音如金。聞道孤臣身為塵。人謂生死乃永隔，寧知火傳非由薪。君不見。比丘畏渴飲蟲水。何如渴死先發真。	十一真

淨信堂初集	絕餘編				靈峰宗論				
	87	曲水八詠	法華秋霽 誰云靈鷲遠。覿面法華高。 葉落貞常在。雲開物景豪。 青螺攢髻頂。白日徧林皐。 已識山中主。無勞夢語刀。	高豪皐刀　四豪					
			佛慧晚鐘 龕火閒趺坐。鐘從何處鳴。 聲非關四性。聞豈借三成。 吼落寒潭月。驚飛溟海鯨。 圓通全體露。一擊入無生。	鳴成鯨生　八庚					
			北峰起雲 窣堵齊天峙。慈雲帀地奢。 覆能周剎海。霔欲潤群芽。 幻出兜羅界。移來乾闥闍。 可憐山下客。翻歎路頭賒。	奢芽闍賒　六麻					
			蒹葭泛月 何必銀盆雪。蘆花仔細看。 水天渾不別。鷲鷺正相謾。 槳擊瑠璃碎。杯呈寶鏡完。 歸來忘夜久。佛火半垂殘。	看謾完殘　十四寒					
			西谿梅墅 十里煙霞地。千村錦繡香。 雪飛難辨色。蝶舞欲迷芳。 不羨占春早。偏誇傲骨強。 歲寒誰共奮。松柏未稱王。	香芳強王　七陽					
			河水魚歌 天籟何須羨。長年別有傳。 金鱗歸釣後。綸線未垂前。	傳前鮮淵　一先					

淨信堂初集　絕餘編					靈峰宗論				
			一曲昇平樂。千家鼎鼐鮮。 華亭舟已覆。更莫歎臨淵。						
			竹林問渡 一水元非隔。迷津卻自玄。 別谿方欲喚。小艇已如翩。 離岸知流靜。登崖識棹遄。 不須拈背觸。且誦武公篇。	玄翩遄篇　一先					
			生池飼魚 不犯竿頭線。常遊活水淵。 食饒香積黍。法悟甚深緣。 忉利生猶後。菩提記已先。 方知一勺小。剎海並潺湲。	淵緣先湲　一先					
	88	示戒明	慢為功德賊。勤為善法王。 精進降煩惱。無令習氣猖。 人身已難得。況沾戒品香。 不發大菩提。徒勞登法堂。 福水慧舟楫。無水舟不行。 欲求真實慧。莫從口耳商。 苦志勞筋骨。大任乃克將。 心性忽開發。妙義能頓彰。 深造既自得。世智誰可量。 譬彼泉有源。波濤乃汪洋。 四辯超夷等。聞持永不忘。 諦信此實語。堪為苦海梁。	王猖香堂　行商 將彰　量洋忘梁 七陽		43	示戒明	慢為功德賊。勤為善法王。 福水慧舟楫。無水舟不行。 欲求真實慧。莫從口耳商。 苦志勞筋骨。大任乃克將。 福至心忽開。妙義能頓彰。 深造既自得。世智誰可量。	七陽
	89	胡勞歎	為問丈夫兒。胡勞發浩歎。 娑婆本苦空。理欲原冰炭。 矢作奇男子。神鬼已驚憚。 況復魔網稠。觸處皆危難。	歎炭憚難　旦觀 燦亂　岸鑽歎 十五翰		44	胡勞歎	為問丈夫兒。胡勞發浩歎。 娑婆本苦空。理欲原冰炭。 矢作奇男子。空行已驚憚。 況復魔網稠。觸處皆危難。	十五翰

淨信堂初集	絕餘編				靈峰宗論				
			冥冥三界中。何時夜方旦。 所以出世賓。每勤如幻觀。 歲寒松柏榮。爐熾金光燦。 逆境是良師。止貴衷不亂。 坐斷生死情。當處即彼岸。 放下祖生鞭。拈起秦時鑽。 為問丈夫兒。何勞發浩歎。					冥冥三界中。何時夜方旦。 所以出世賓。每勤如幻觀。 歲寒松柏榮。爐熾金聚燦。 逆境是良師。止貴衷不亂。 坐斷生死情。當處即彼岸。 放下祖生鞭。拈起秦時鑽。 為問丈夫兒。胡勞發浩歎。	
	90	食腐滓二首	不求富貴不貪貧。夢裏無生淨法身。何待毗蘭三月盡。始知元是飽餐人。 最喜身貧道更貧。破家蕩產且亡身。雪花隨分消殘歲。閉戶深山有幾人。	貧身人　十一真					
	91	病中寫懷三十首	俄爾西山俄爾東。依依師友念何窮。長空雁影元無住。未肯終為舊阿蒙。	東窮蒙　一東		45	病中寫懷十偈	俄爾西山俄爾東。依依師友念何窮。長空鴈影元無住。未肎終為舊阿蒙。	一東
			幾番結夏又經冬。杜口休談教與宗。歷盡炎涼心不改。千峰頂上自相逢。	冬宗逢　二冬				中原逐鹿苦無虞。一卷殘經且自劬。了得目前無剩法。威音那畔卻成輸。	七虞
			蘆花堆裏雁橫江。對影栖栖足一雙。塞外祇今音信斷。空餘月色照疏窗。	江雙窗　三江				三生玉食夢中灰。瞪發勞生孟浪猜。寄語靈山親付囑。夜光彈雀事堪哀。	十灰
			病骨枯筋聊自支。半生心事許誰知。須摩國裏多相識。快著緇鞭遊寶池。	支知池　四支				宣文伎倆愧迦文。吹散青雲附白雲。堪歎緇林名傑士。落花流水亂紛紛。	十二文

淨信堂初集　絕餘編					靈峰宗論				
			志自沖天力自微。那須五十始知非。千峰萬峰驀直去。不斷生原誓不歸。	微非歸　五微				萬藤多少倩誰刪。高駕長驅莫問關。飲器失聲猶未瞥。象王已過萬重山。	十五刪
			馮驩長歎食無魚。豈信門前有大車。勘破浮生千古夢。從今不復戀居諸。	魚車諸　六魚				趨避因緣問六爻。祝人無計代烹庖。應真有骨遺荒野。賺得耆婆仔細敲。	三肴
			每嗟逐鹿苦無虞。一卷殘經且自劬。了得目前無剩法。威音那畔卻成輸。	虞劬輸　七虞				誰將鴉臭立當陽。惹得兒孫日夜狂。滅卻本宗無實法。幾多熱鬧一時涼。	七陽
			一變何須較魯齊。五更夢斷曉鳴雞。孟嘗昨夜逃函谷。分付車轅莫向西。	齊雞西　八齊				黃花鬱鬱竹青青。般若真如語太鯹。見色聞聲隨分過。羞他矯強設門庭。	九青
			嚶鳴相和久稱佳。誰信於今事復乖。莫怪田光終自刎。好將吾骨一同埋。	佳乖埋　九佳				最苦娑婆邪見蒸。禪門如炭教如冰。生心無住金剛印。愧殺黃梅與惠能。	十蒸
			功名富貴夢中灰。肉眼空勞孟浪猜。寄語靈山親付囑。夜光彈雀事堪哀。	灰猜哀　十灰				色裏膠青水裏鹽。依稀彷彿最堪嫌。黃連食盡無非苦。石蜜中邊盡是甜。	十四鹽
			賣假從來不賣真。捫心何用鼓雙唇。獨知聊爾結千載。榔栗橫擔豈顧人。	真唇人　十一真					
			宣文伎倆愧迦文。吹散青雲附白雲。堪歎緇林名傑士。落花流水亂紛紛。	文雲紛　十二文					

淨信堂初集		絕餘編				靈峰宗論				
			勇士非關徒喪元。觀瀾無術孰為援。高談名理超方便。之楚依然駕北轅。	元援轅	十三元					
			千思萬慮膽為寒。痛殺啼鵑血未乾。翻轉髑髏情識斷。卻憐捨步學邯鄲。	寒乾鄲	十四寒					
			葛藤多少不須刪。高駕長驅莫問關。飲器失聲猶未瞥。象王已過萬重山。	刪關山	十五刪					
			國手徒爭一著先。從來十九路多愆。早知勝負原無實。黑白空教迷悟偏。	先愆偏	一先					
			嚴冬葉落樹蕭蕭。企望雲山路轉遙。拼命一時須趁到。莫辜寒拾苦相招。	蕭遙招	二蕭					
			趨避何須問六爻。祝人原不代烹庖。應真有骨遺荒野。童子徒勞仔細敲。	爻庖敲	三肴					
			壯心俠骨未稱豪。舉世休誇夢語刀。消盡乘桴浮海恨。倚欄坐聽大江濤。	豪刀濤	四豪					
			涕泣聲殘發浩歌。悲歡從古事如何。莫知徒切宣尼歎。好辯於今譏孟軻。	歌何軻	五歌					

淨信堂初集　絕餘編					靈峰宗論				
			漫云長老種芝蔴。影響還看豆與瓜。送想樂邦成痼疾。閒情寧復付煙霞。	蔴瓜霞　六麻					
			誰將鴉臭立當陽。惹得兒孫日夜狂。咄破本宗無實法。幾多趕鬧一時涼。	陽狂涼　七陽					
			啟明纔出復長庚。滅滅如何又滅生。坐斷劫波歸當念。春光歷盡不留情。	庚生情　八庚					
			黃花鬱鬱竹青青。般若真如語太鯹。見色聞聲隨分過。羞他矯強設門庭。	青鯹庭　九青					
			最苦娑婆邪見蒸。禪門如炭教如冰。生心無住金剛印。愧殺黃梅與惠能。	蒸冰能　十蒸					
			省身多悔更多尤。萬里秋風一葉收。戲水不嫌虧淨戒。應知意在習浮遊。	尤收遊　十一尤					
			誰言初志可全侵。一諾終須重萬金。事定蓋棺應有日。汗青久已照丹心。	侵金心　十二侵					
			幾人能曉菜根覃。獨愛當年童子南。煙水百城經歷盡。歸來重見老瞿曇。	覃南曇　十三覃					

淨信堂初集	絕餘編				靈峰宗論				
			色裏膠青水裏鹽。依稀彷彿最堪嫌。黃連食盡無非苦。石蜜中邊盡是甜。	鹽嫌甜　十四鹽					
			玩辭觀象莫如咸。輔頰無端且自緘。五百饌難供一飽。修羅法爾未為饞。	咸緘饞　十五咸					
	92	題夏貞婦卷	君不見。慚愧無衣赴火人。須臾具足梵天身。誠語誓從貞婦出。象王產難斯開頻。何況神先歸地下。留生許久侍孤親。殉夫以節體夫孝。愧殺男兒負大倫。織機無子為誰斷。釜甑停炊時有塵。由來一死未稱勇。嗚呼此意疇能真。十年旦暮奚須訝。永劫於今志已純。瞿波觀佛成三昧。莫謂猶然恩愛因。	人身頻親倫　十一真 塵真純因		46	題夏貞婦卷	君不見。慚愧無衣赴火人。須臾具足梵天身。誠語誓出婦之貞。象王產難斯開頻。由來一死未稱英。嗚呼此意疇能真。侍孤親。腸欲斷。極樂邦。看冷煖。迴將血淚入珍池。不動凡區聖因滿。欄楯層層樹影重。何妨徧列娑婆伴。	十一真
	93	懷魯仲連	戰國有奇士。高談恥帝秦。抵掌解紛難。而非儀衍唇。千金笑不顧。終身居海濱。遡洄時未及。清風千古鄰。廉潔匪足慕。義重寧云貧。我悲士習陋。甘作名利臣。讀史發永歎。有志當同遵。	秦唇濱鄰　十一真 貧臣遵		47	懷魯仲連	戰國有奇士。高譚恥帝秦。抵掌解紛難。而非儀衍脣。千金笑不顧。終身居海濱。廉潔豈足慕。義重非甘貧。我悲士習陋。競作名利臣。醜扇與蛆蟲。簪笏而垂紳。讀史發永歎。滔滔千古淪。	十一真
	94	農事難（有序）	乙亥夏。安居武水智月庵。六月間乏雨。晝夜聞車水聲。不覺毛豎汗流。心慘。淚墮。娑婆苦報。一至於此。						

淨信堂初集　絕餘編					靈峰宗論				
			粒米來歷艱辛若此。士農工商或勞心。或勞力。未有無功而得食者。獨出家人。居三寶地。清閒虛曠。享檀施之供。豈易消哉。所貴能專精辦道為世福田耳。古人云。若還不了道披毛戴角還。又云。三心未盡水難消。況安處高堂猶以為熱。食噉蔬菜。尚以為澹泊。二時粥飯尚以為未足。懶惰懈怠。恣意任情。設非盜賊受用。寧免負債之科。又況邪禪暗證。起未得謂得之愆。狂慧穿鑿。蹈接響承虛之態。稱悟稱祖。欺天誑人。名利不過半生。殃報遺於累劫。可不畏耶。予自省多愆慚懼無地。兼為同病者憂。賦此以銘座右。						
			予亦曾聞農事難。早年為學願民安。經綸矢志垂千古。委質羞慚博一官。既聞善逝無生理。世界身心敝屣看。驀入深山觀幻化。魔軍已動慧猶乾。業風吹向人間世。十七依稀成素餐。無常信日促。生死心日寬。虛名徒爾半天下。惑業分毫尚未殘。	難安官看乾　十 四寒 餐寬殘跚 干酸般歡 瘢剜瞞攢					

淨信堂初集	絕餘編				靈峰宗論				
			雖因病苦累。亦以為人躃。損己利人古所歎。況復損己人無干。今日重聞農事苦。身毛為豎心為酸。嗚呼我悔誠無及。滔滔天下何多般。坐享十方施。惟圖四事歡。形儀宛與聖賢似。身心內外皆痍瘢。譬如欲濟腹中餓。手把胸前肉自剜。人天固可誑。閻老誰能瞞。一朝打算飯錢去。眉目比予當更攢。						
	95	答靈隱見二首	擊碎空王地。驚開肉眼明。觀流恒歎哲。覓侶久無衡。偶爾投荒足。依然識舊盟。傾懷洗千古。坐聽雨深更。堅爾能潛志。同予尚蟄懷。電雷從迅發。飛躍莫輕諧。向若未須歎。細流安可排。珊瑚森欲露。一吸待吾儕。	明衡盟更　八庚 懷諧排儕　九佳					
	96	題方爾張骷髏圖	云何名舍利。云何名骷髏。喚醒莊生夢。早與毗盧遊。	髏遊　十一尤					
	97	示費敬齋	業性雖本空。業緣每鬱蓊。不從作法門。終受幻罪籠。不觀實相心。魔宮無自動。慚愧既交攻。理事須一統。君不見。善星妄說法元空。長夜泥犁何日曨。又不見。涅槃會上未生怨。打破從前黑漆桶。	蓊籠動統　一董 空曨　一東 桶　一董		48	示費敬齋	惡業雖本空。業緣每鬱蓊。不從作法門。終受幻罪籠。不觀實相心。魔宮無自動。慚愧既交攻。理事須一統。君不見。善星妄說法元空。長夜泥犁何日曨。涅槃會上未生怨。打破從前黑漆桶。	籠動桶　一董 統　二宋 曨　一東

淨信堂初集　絕餘編					靈峰宗論			
	98	獨坐寫懷	婆心徹困向誰嗚。病導空招毒器評。自返無方嫌智暗。觀時多感恨眸清。孤忠欲訴天彌遠。現行將違種更醒。疾苦幸能時惠顧。助緣久已絕逢迎。死同野獸終無慍。道若蓬蒿實可驚。夢斷啼鵑血未冷。漫將淚眼聽黃鶯。熙怡自慰無他術。賴有當年樂土盟。	評清醒迎驚鶯盟　八庚				
	99	長揖世間偈別社友	湖海浮遊十五年。空勞芒履幾番穿。守株緣木時師口。兔角龜毛教外傳。一點悲心惟控地。千場血淚可稽天。恩多成怨從來語。徹底掀翻且熟眠。	年穿傳天眠　一先		49	別友	湖海浮游十五年。腳跟芒履幾番穿。守株緣木時師口。兔角龜毛教外傳。萬竅悲風號控地。千腸血淚浸稽天。殷勤付與同仁士。徹底掀飜且熟眠。	一先
	100	留別四首	四載同遊志匪乖。飄然獨往豈忘懷。祖鞭先著終相濟。不效達磨一隻鞵。(別慧公)。 懸崖撒手已心安。腳下紅絲再細看。堪笑一端情未盡。思君履歷便眉攢。(別徹公)。 羨君先往蓮子峰。我亦今為雲外衲。岷江震澤兩悠悠。惟有月明同照榻。(別映渤) 天台昔日興何繞。此際行藏路似恸。獨有雲山心不隔。為君攜杖作前茅。(別蓮洲)	乖懷鞵　九佳 安看攢　十四寒 衲榻　十五合 恸　二蕭　茅　三肴				

淨信堂初集		絕餘編			靈峰宗論				
	101	入山四首	癖性由來不耐塵。漫尋師友卻迷真。而今驀入千山也。一任東風送梗萍。 百事無能一病夫。生平原不解伊吾。焚書擲筆渾閒事。字性從來有也無。 辯才如雨筆如雲。八兩依然是半斤。介爾一心誰信具。不如直下目聞熏。 眾生良藥無如病。病極形枯心亦灰。偏界春風放桃李。依然猶似未聞雷。	塵真　十一真 萍　九青 夫吾無　七虞 雲斤熏　十二文 灰雷　十灰		50	入山二偈	辯才如雨筆如雲。八兩依然是半斤。介爾一心誰信具。不如真下自聞熏。 眾生良藥無如病。病極形枯心亦灰。偏界春風放桃李。長肱猶似未聞雷。	十二文 十灰
絕餘編	1	山居百八偈（有小引）	抱病入山。了當大事之不暇。而暇作吟哦活計乎。然俯仰身世。自憫憫他。又似有不容默默者。隨意所到舉筆直書。積而數之偶成百八。蓋實不向吟哦中來。倘得意忘言。亦未必非了當大事之一助也。迺不毀而漫存之。 一 只此萬山中。悠然意不同。望江迷客路。禮塔懷真風。茅室我晏坐。時復觀筠叢。羸來病後質。安問窮與通。	中同風叢通　一東	卷第十之二詩偈	1	山居六十二偈（有序）	抱病入山。了大事不暇。暇哦乎。然有不容默者。不向哦中來。儻得意忘言。未必非大事之一助也。 一自芒鞵破。從教萬慮慵。短衫堪度夏。敝襖復經冬。坐起餘長嘯。譚時僅短鋒。晨昏伴幽寂。崖上幾聲鐘。 一病五百日。形神並已枯。緇素偶相值。稱我為禪癯。禪癯竟何解。佛法從來無。倦眠醒便起。笑此空頭顱。 我愛山中行。安步不須馬。	一東 二冬

淨信堂初集　絕餘編					靈峰宗論				
			二 一自芒鞋破。從教萬慮慵。 短衫堪度夏。敝襖復經冬。 禪起餘長嘯。談時僅短鋒。 晨昏伴幽寂。崖上幾聲鐘。 三 山舍陋無窗。惟標離相幢。 交呑既非獨。兩照亦非雙。 霞色燭短嶺。月影凝長江。 為歎舉棹者。胡為多釘樁。 四 問予何所事。禪餘讀梵書。 寂默固無在。葛藤奚待鋤。 俯仰聊自適。賴此狂與疏。 香木日已爐。何如長作樗。	慵冬鋒鐘　二冬 窗幢雙江樁　三江 書鋤疏樗　六魚				有時訪怪石。有時趨樹下。 本無取境心。何勞更修捨。 嗤彼世塗中。鑽龜復打瓦。 我愛山中住。觀化俯且仰。 一法不當情。萬緣同鏡象。 纔言獨露身。無端已成兩。 笑破太虛空。巖谷爭酬響。	
			五 一病五百日。形神並已枯。 緇素偶相值。稱我為禪臞。 禪臞竟何解。佛法從來無。 倦眠醒便起。笑此空頭顱。 六 我性耽枯寂。愛此山中山。 珍禽曉破夢。孤猿夜伴閒。 白雲時出沒。流水亦潺湲。 得失永無慮。有門常不關。 七 我愛山中行。安步不須馬。 有時訪怪石。有時趨樹下。	枯值解起　七虞 山閒湲關　十五刪 馬下捨瓦　二十一馬				我愛山中坐。一日兩日永。 頂雖鵲未巢。樹亦枝無影。 既不耐諠譁。亦不味幽靜。 形疲便起行。枯樁變浮梗。 我愛山中臥。易寐還易醒。 醒寐惟幻形。誰實司肻綮。 諦觀五陰身。非別亦非並。 不知何所緣。猶然不自肻。 淵明嗜杯酒。不與蓮華盟。 折腰既弗屑。麯蘗胡偏酲。 欲深天機淺。格言羨莊生。 性學豈多術。無如理勝情。 壯士血氣盛。國步誇邯鄲。	

淨信堂初集		絕餘編			靈峰宗論				
			本無取境心。何勞更修捨。 嗤彼世塗中。鑽龜復打瓦。 八 我愛山中住。觀化俯且仰。 一法不當情。萬緣同鏡像。 纔言獨露身。無端已成兩。 笑破太虛空。巖谷爭酬響。	仰像兩響　二十二養				殺人不敢睨。一語盟肺肝。 義勇洵絕世。仁慈體迺刓。 圖窮露匕首。髑髏千古寒。 玉兔甫西逝。金烏復東昇。 少壯日已去。衰病時時增。 寐者終不覺。智者思自懲。 但使冰成水。無令水結冰。	
			九 我愛山中坐。一日兩日永。 頂雖鵲未巢。樹亦枝無影。 既不耐諠譁。亦不味幽靜。 形疲便起行。枯樁變浮梗。 十 我愛山中臥。易寐還易醒。 醒寐惟幻形。誰實司肯綮。 諦觀五陰身。非別亦非並。 不知何所緣。猶然不自肯。 十一 我愛山中春。雪埋古路塵。 幽蘭笑巖石。遊子行且逡。 松色宛如舊。鳥聲亦不新。 避秦嗤未久。尚有羲皇人。 十二 我愛山中夏。心閒日逾暇。 茅屋足清涼。何必登臺榭。 介爾華欲敷。奚物堪酬價。 一片白雲飛。雨似車輪下。	永影靜梗　二十三梗 醒　二十四迥 綮 二十五徑 並肯　二十四迥 鄰 春塵逡新人　十一真 夏暇榭價下　二十二禡				風來萬壑鳴。月出千山皎。 笑此頑虛空。常為明動擾。 不動復是誰。豈居風月表。 離此既雙非。問君了不了。 胡弗畏深坑。徒憂打之遶。 甕直轉欹褭。空爭內外紹。 荊璞未應剖。卞和徒自泣。 雷鳴二月春。蟜動皆離蟄。 屈伸信有時。何用勞汲汲。 築碎太虛空。從古原無汁。 聖訓恆諄諄。令觀五盛蘊。 陽燄與空華。無我誰欣忿。 生死靡暫停。幻質同朝槿。 了知呼吸關。至道斯云近。 禦寒不辟績。糊口不耕田。 佛制固如此。誰思共息肩。 神王飜貝葉。形疲且穩眠。 何須學枯木。失此無心禪。	

淨信堂初集		絕餘編			靈峰宗論				
			十三 我愛山中秋。微雲淡碧流。 桂少香倍烈。菊瘦姿迺幽。 白粲早已熟。寒蟬聲未收。 飯罷峰頭坐。長江天外浮。	流幽收浮　十一尤				有嘲不用解。有山不用買。 泉流月影長。霧壓空形矮。 起臥任所適。語默隨瀟灑。 拽杖登巖阿。野鹿馴無駭。 律法如亂絲。禪宗更莽鹵。 紛紛義學家。猶然水添乳。 悠悠淨土門。事理分捨取。 各披祖父甲。貔傲負嵎虎。 哀哉復哀哉。坐致魔軍侮。 枝葉秋已摧。貞實冬無敗。 所以真偽關。終莫逃爐鞴。 欲使稻粱肥。殷勤先去稗。 折攝似分塗。同歸調伏戒。 人侮非自侮。自侮非侮人。 不受禮歸主。妙喻真且親。 修羅慢幢折。帝釋勝幡新。 忍為力中最。勝敵寧揚塵。 言居佛祖先。行落凡愚後。 漫抱法門憂。自疾甘無救。 恥躬愧儒宗。歸釁慚禦寇。 莫誇日正長。瞬息聞更漏。	
			十四 我愛山中冬。密雲覆重重。 雪舞盡如蝶。簷結宛似龍。 室內饒焦木。門外無行蹤。 擁被鎮日坐。不參五葉宗。	冬重龍蹤宗　二冬					
			十五 我愛山中風。暮息朝復有。 寒時漫相疏。熱時仍覺厚。 疏厚自隨情。此君元不受。 欲知情性長。問取池邊柳。	有厚受柳　二十五有					
			十六 我愛山中花。遍處呈佳錦。 草木雖殊質。香色均成品。 清賞適相宜。何堪供佩衽。 幽然傲深谷。不伴時流飲。	錦品衽飲　二十六寢					
			十七 我愛山中雪。萬峰同一覽。 潔矣無片塵。清哉有餘淡。 壓竹每成梁。綴松多作菡。 何須蘇武吞。予亦將為糝。 十八 我愛山中月。寒光照深庵。 萬里絕雲霞。一窗饒冷餤。	覽淡菡糝　二十七感 庵　十三覃 餤臉漸　二十八儉（十四部）				揠苗徒自損。溝澮盈還涸。 九仞不及泉。枉向高原鑿。 慎終亦謀始。所厚那堪薄。 醍醐願共餐。善巧先鑽酪。 三十未始壯。四十今已老。 徒爾費芒鞵。依然不聞道。 既懲從井仁。豈學手援嫂。 見彈求鴞炙。嗟哉計太早。	

淨信堂初集			絕餘編			靈峰宗論				
			移來柏影長。拂此幽人臉。 旨哉月喻經。圓缺皆從漸。						壁影本非魑。孩童疑作鬼。 白日忽昇天。見徹無頭尾。 秋深饒月華。春到多芳草。 根境未離瀋。受用能有幾。 牛犢不畏虎。傷鳥怖虛弓。 安畏雖異局。對境皆懵懵。 何如見諦士。了了知無忡。 遊戲逆順界。寧屍勝敵功。	
			十九 我愛山中泉。內湧非從邊。 淵淵離煩垢。泠泠浸碧天。 煮糜信甘美。烹茶亦奇鮮。 誰為知味者。請問光音禪。	泉邊天鮮禪	一先					
			二十 我愛山中石。縱橫亂成格。 苔蘚作衣裳。雲霓備冠舄。 不點生公頭。寧畏提婆擲。 兀兀伴餘年。笑我煙霞癖。	石格舄擲癖 一陌	十					
			二十一 我愛山中松。行列亦橫縱。 數尺已似蓋。盈拱還如龍。 奇根傍危石。質麗姿乃丰。 嚴冬一夜雪。遍體白芙蓉。	松縱龍丰蓉 冬	二				鵲噪固無憂。鴉鳴亦報喜。 聲性本非殊。聞機寧異耳。 一耳聽兩音。兩忘一便止。 無明從此無。始覺從此始。 咸臨吉乃利。倚伏洵多義。 甫倡拔茅歌。旋生朋作祟。 世事固應然。調心尤不易。 難提起四禪。魔女偏相魅。 居德忌成夬。育德貴如蒙。 大道曠無際。何以耳似充。 出關驚枕夢。入場嗤老翁。 熟讀霍光傳。方知養正功。 逐妄又尋真。揚灰復鼓塵。 未悟賓中主。安知主裏賓。 美食飽所棄。糟糠饑所珍。 滔滔天下士。沮溺同迷津。	
			二十二 我愛山中竹。交影堪成屋。 風來奏梵音。雨過抽新簇。 勁節出長林。虛心符短牘。 雙徑不須開。千畝藏幽谷。	竹屋簇牘谷 屋（入聲）	一					
			二十三 我愛山中晴。日照幽溪明。 雲霧忽何去。松篁乃菁菁。 長空鳥跡迥。短嶺泉流清。 舒體一獨嘯。深谷頻相賡。	晴明菁清賡 庚	八					

淨信堂初集　絕餘編						靈峰宗論				
			二十四 我愛山中雨。鳥鵲同斂羽。 抱膝坐繩床。寂爾無聞睹。 倦來舒腳眠。倏忽經五鼓。 捫枕辨方隅。手眼知非瞽。	雨羽睹鼓瞽　七 麌						
			二十五 我愛山中雲。幻作庭前供。 星散各為葩。烏合還無縫。 乘來身較輕。騰去天為重。 曠矣任翱翔。誰共虛空訟。 二十六 我愛山中日。冬夏咸和適。 霜露釋然消。幽室能生白。 浴溟此先知。懸鼓還非隔。 正午打三更。疑殺參玄客。 二十七 白雲捲還舒。清風拂還止。 問我山中樂。從來只如此。 懶向蒲團求。亦不鑽故紙。 若作佛法商。千里復萬里。 二十八 未知牝與牡。安辨黃與驪。 冬來風颯颯。春至草萋萋。 法本不相待。徒勞似木雞。 遊子欲問道。流水滿前谿。	供縫重訟　二宋 適白隔客　十一 陌 止此紙里　四紙 驪萋雞谿　八齊				希顏復學孔。未出三界籠。 步老復趨莊。依然舊漆桶。 太極未生形。自心早妄動。 石火電光機。何勞誇一統。 既慚德不修。又愧學不講。 德學本同條。誰能作兩項。 紫陽與象山。各喫三十棒。 識取宣尼宗。方來證溝港。 童冠沂水遊。三子異其撰。 一哂一喟然。黑豆換卻眼。 央掘發誠言。胎難安然產。 讀至不動章。大慧顏當赧。 前際不可窮。後際不可及。 現前介爾心。邊際渺難測。 明明法界宗。妙觀胡墨墨。 奮起金剛拳。打破無生國。	
			二十九 飲酒每嫌淡。食肉秖喜肥。 嗟此惻隱性。長閉嗜欲扉。 豈思蔬與水。亦已堪療饑。	肥扉饑歸　五微				欲雪先集霰。欲雷先掣電。 如何欲成佛。福慧毫無片。 流小石能穿。鑽息火難現。 須教熟處生。擐甲同鏖戰。	

淨信堂初集	絕餘編				靈峰宗論				
			瞬息面目異。何時復知歸。 三十 好花明月下。一杯仍一杯。 酣後長舒腳。熟睡聲如雷。 恣言人世樂。那信身如坏。 息斷知何去。空令親屬哀。	杯雷坏哀　十灰				星火燎荒原。一指蔽山嶽。 周易誡履霜。宣尼貴先覺。 未窮學地流。慎勿誇無學。 泥在水非純。稍動還成濁。 濁水珠可清。暗室燈能破。 惟有龍池公。獅吼終驚臥。	
			三十一 少年競脂粉。窈窕思長娥。 秋波送深媚。雲鬢開沉痾。 卮酒雅相贈。舞罷還酣歌。 之死矢靡悔。悲哉燈畔蛾。	粉娥痾歌蛾　五歌				跨下亦登壇。大將非從貨。 悅草披虎皮。徒令千古唾。 狡狐能惑虎。木鳴難怖禽。 可欺不可罔。神全乃莫侵。 面南看北斗。端的誰知音。 曾經勝熱燄。徹骨涼且愔。	
			三十二 美人衣羅綺。纖指彈琵琶。 音韻清且婉。態度雲復霞。 仙尚失神足。人誰不歎嗟。 寧知一線斷。傀儡歸泥沙。	琶霞嗟沙　六麻					
			三十三 逐興呼美酒。舒懷撫瑤琴。 豈無暫時樂。終為壞苦侵。 迷頭常認影。歷劫從他尋。 何如撒兩手。瀟灑出稠林。	琴侵尋林　十二侵				崑崙非宿海。宿海非阿耨。 滔滔萬里流。一滴源誰透。 漫傳天上來。錯認銀河冑。 賴此投海機。從前皆免究。 六塵本太平。六根亦非嬈。	
			三十四 人將雞豕烹。獄卒將人煮。 酬償無已時。楚毒那堪侶。 何不修慈心。民胞物吾與。 蔬水足資身。二簋亦可祇。 客來饒菜根。養親獻果茹。 有生皆愛命。奚忍充豆俎。 君子遠庖廚。掩耳盜鈴語。	煮侶與祇茹俎語　六語				問取六識身。蹤跡尤杳杳。 誰為結使源。細覓終難了。 試看缾內空。傾出知多少。 色色彰苦空。聲聲演無我。 拈來法界鑰。開盡塵沙鎖。 覩角便知牛。望煙豈惑火。 若要船頭直。端卻船梢舵。 鯤潛知海闊。鵬徒知天高。	

淨信堂初集　絕餘編					靈峰宗論				
			三十五 饋肉令人悅。揮刀令人恐。 不從刀上來。此肉何由捧。 食之信可甘。思之寧不悚。 斯事尚心安。何須咎作俑。 三十六 淵明嗜杯酒。不與蓮華盟。 折腰既弗屑。麴糵胡偏酲。 欲深天機淺。格言羨莊生。 性學豈多術。無如理勝情。	恐捧悚俑　二腫 盟酲生情　八庚				十虛信寥廓。何如徧吉毛。 縱步歷塵劫。徒令童子勞。 迷此一隙理。今古同滔滔。	
			三十七 壯士血氣盛。國步誇邯鄲。 殺人不敢睨。一語盟肺肝。 義勇洵絕世。仁慈體迺刓。 圖窮露匕首。髑髏千古寒。 三十八 草茂忽復萎。月滿忽復虧。 少壯尚難保。老大安可怡。 莫問死何去。只今住者誰。 空華結空果。拭目知未知。 三十九 紅顏曾未幾。倏忽斑兩毛。 爭趨愛欲燄。積劫歸塵勞。 斯世竟何恃。苦趣誠無號。 早悟不生滅。嗤言王母桃。 四十 拜將羨椎埋。誰知身在蝸。 生來惟兩腳。寧復須三鞋。	鄲肝刓寒　十四寒 萎虧怡誰知　四支 毛勞號桃　四豪 埋蝸鞋豺骸　九佳				金屑不著眼。毒器不貯漿。 王饌未敢食。華屋徒窺牆。 垢盡明自現。胡勞羨色莊。 春風一夜起。蘭蕊徧溪香。 芒鞋棄屋後。鉢袋挂茅菴。 非敢濫無學。坐訪同行參。 石蜜味中最。食乃知其甘。 見月良賴指。寧復撈深潭。 語不競朝華。病應消夙業。 獨愧衰朽身。難企尊者脅。 法無心外傳。道自威音劫。 明明梵網燈。未審誰先接。 直指西來意。楞伽心可安。 說言同解脫。內守徧蹣跚。 休戀聲前句。還思步外竿。 不嘗天下醋。那信一般酸。 學士畏枯寂。禪德怖繁文。	

淨信堂初集　絕餘編					靈峰宗論				
			營營竟何益。終就無常豺。 試看北邙土。多是貪瞋骸。					繁文信無益。枯寂亦添癉。 蛇繩見方熾。取捨徒紛紜。 捉鼻謾高喚。燈照知非猜。	
			四十一 忉利一晝夜。人間已百齡。 縱使滿百歲。猶然朝菌形。 況復多夭折。瞬息無安寧。 胡不一猛省。甘為四大刑。 四十二 玉兔甫西逝。金烏復東昇。 少壯日已去。衰病時時增。 寐者終不覺。智者思自懲。 欲使冰成水。無令水結冰。 四十三 梧桐一葉落。天下同驚秋。 老少死無算。見者胡悠悠。 眼前幾許樂。貽卻千古愁。 早唱歸家曲。莫待捐荒丘。 四十四 狐兔營其窟。烏鵲爭其巢。 孰知咸在旅。生死均浮泡。 茫茫苦海闊。欲度須繫匏。 莫使荒郊骨。還令梵志敲。	齡形寧刑　九青 昇增懲冰　十蒸 秋悠秋丘　十一尤 巢泡匏敲　三肴				未明心與性。讀誦徒喃喃。 甫欲思上達。暗證還自緘。 不解順流棹。豈知逆風帆。 呷盡四海水。到頭滋味咸。 競為格外鋒。罔念昔時典。 因護乃至吠。堪嗟梵志大。 財慳尚可回。法執誰能遣。 五百野狐身。覆轍偏爭踐。 佛語即佛心。佛心非佛語。 離此即非關。究竟誰為汝。 一句了然超。萬劫合頭杵。 若要舌本甜。勤取黃連茹。 心肝挂樹杪。此理從來少。 離教覓單傳。癡聾何時了。 妙指發妙音。非內亦非表。 側耳不會心。依然打之遶。	
			四十五 東鄰慶新婦。西舍哭亡男。 哭者不復笑。慶者終必惔。 悲歡亂衷曲。擬北仍復南。 輪與煙霞客。隨緣宿草庵。	男惔南庵　十三覃				觀箭毒逾熾。問橋路逾遲。 路遲日易暮。毒熾那堪醫。 有藥不早服。有足不早馳。 茫茫生滅海。誰與定歸期。 毒蛇勿捉尾。甘露勿添水。	

淨信堂初集		絕餘編				靈峰宗論			
			四十六 世法多崎嶇。禁賂還存賄。 枉道或容身。直道每招罪。 何如野衲閒。薇蕨堪充餒。 風來翠竹鳴。雲去青山在。 俯仰獨清寧。家風常不改。 四十七 賤夫登壟斷。巢許棲高岡。 清濁固霄壤。取捨同膏肓。 不知三界夢。剜肉強作瘡。 一念悟無性。十虛任徜徉。 四十八 水氣每成虹。地蒸每作菌。 介爾本無形。剎那已有朕。 慎獨雖兢兢。豈達無生忍。 一翳甫在睛。空華斯亂殞。 欲令華相滅。莫向空中泯。	賄罪餒在改　十賄 岡肓瘡徉　七陽 菌朕忍殞泯　十一軫				添水飲成病。捉尾螫人死。 執項善調御。功歸豢龍氏。 悟時轉法華。良哉惠能旨。 聽法不觀心。死至成狼狽。 觀心不聽法。執刀還自害。 未知說默源。同條卻異會。 鼻孔向下垂。空讚威音外。 長語悟非多。雪填並便無。 要言迷不少。小毒還生痛。 何勞妄欣厭。共把真宗誣。 早修開演智。莫畫舊葫蘆。	
			四十九 盛暑喜乘風。嚴寒愛向火。 情性屢隨時。究竟誰為我。 未出有無關。空勞此靜坐。 莽蒼三返人。撫腹猶稱果。 五十 風來萬壑鳴。月出千山皎。 笑此頑虛空。常為明動擾。 不動復是誰。豈居風月表。 離即既雙非。問君了不了。 胡弗畏深坑。徒憂打之遶。 驀直轉欹邪。空爭內外紹。	火我坐果　二十哿 皎擾表了遶紹十七篠				執藥每成病。借病翻成藥。 通塞靡定蹤。觸境須深度。 知人勿昭昭。自照無莫莫。 一言燭根元。千山勝行腳。 聚螢不爇草。聚雪不成山。 鑽紙信無益。枯坐終癡頑。 未歷羊腸險。安知行路難。 千里始初步。休商最後關。 洪鐘叩乃鳴。美玉終須琢。 不覓惡鉗錘。豈破無明殼。 護茲煩惱情。忍使靈光剝。 幽幽長夜寒。熟睡誰能覺。	

淨信堂初集		絕餘編			靈峰宗論				
			五十一 荊璞未應剖。卞和徒自泣。 雷鳴二月春。蟠動皆離蟄。 屈伸信有時。何用勞汲汲。 築碎太虛空。從古原無汁。 五十二 畫餅不充饑。美食不中飽。 欲縛樹頭風。勤取龜毛絞。 弄假豈成。真賣拙翻為巧。 俱盧日落山。贍部雞鳴卯。	泣蟄汲汁　十四緝 飽絞巧卯　十八巧				烏焉忽成馬。展轉無非錯。 佛滅會幾時。哀哉水潦鶴。 矧茲最後年。何地尋略彴。 斯文賴未亡。共聽能儒鐸。	
			五十三 聖訓恒諄諄。令觀五盛蘊。 陽燄與空華。無我誰欣忿。 生死靡暫停。幻質同朝槿。 了知呼吸關。至道斯云近。 五十四 禦寒不緇績。糊口不耕田。 佛制固如此。誰思共息肩。 神王翻貝葉。形疲且穩眠。 何須學枯木。失此無心禪。 五十五 有嘲不用解。有山不用買。 泉流月影長。霧壓空形矮。 起臥任所適。語默隨瀟灑。 拽杖登巖阿。野鹿馴無駭。 五十六 今夏稱酷暑。此地偏清涼。 金風初到嶺。木葉早已黃。	蘊忿槿近　十二吻 田肩眠禪　一先 解買矮灑駭　九蟹 涼黃良陽　七陽				日輪挽作鏡。海水挹作盆。 照我忠義膽。浴我法臣魂。 九死心不悔。塵劫願猶存。 為檄虛空界。何人共此掄。	

淨信堂初集　絕餘編					靈峰宗論				
			霜後菜味逸。饑來食易良。 飯罷更何事。加趺送夕陽。						
			五十七 自昔違故國。客路良迢迢。 回首信非遠。縱步終難翹。 賴有舊時友。舉手頻相招。 同行不肯返。如何獨乘船。	迢翹招　二蕭 船　一先					
			五十八 我去千里外。朋來萬里中。 趨避各異旨。臭味胡相同。 取捨信有極。詣極思真風。 笑指南詢客。悠悠路未終。	中同風終　一東					
			五十九 非我漫傷今。嗟時太不古。 律法如亂絲。禪宗更莽鹵。 庶幾義學家。猶然水添乳。 悠悠淨土門。事理分捨取。 各披祖父甲。翻傲負嵎虎。 哀哉復哀哉。坐致魔軍侮。	古鹵乳取虎侮 七麌					
			六十 枝葉秋已摧。貞實冬無敗。 所以真偽關。終莫逃爐韛。 欲使稻粱肥。殷勤先去稗。 折攝似分途。同歸調伏戒。	敗　十卦 韛　四寘 稗戒　十卦					
			六十一 人侮非自侮。自侮非侮人。 不受禮歸主。妙喻真且親。	人親新塵　十一 真					

淨信堂初集　絕餘編					靈峰宗論				
			修羅慢幢折。帝釋勝幡新。 忍為力中最。勝敵寧揚塵。						
			六十二 調心如大地。寵辱何關意。 美玉良自珍。角石翻成瘁。 遐哉睡虎機。千古稱難企。 誰知歌利王。鹿苑先蒙記。	意瘁企記　四寘（去聲）					
			六十三 言居佛祖先。行落凡愚後。 漫抱法門憂。自疾耳無救。 恥躬愧儒宗。歸釁慚禦冠。 莫誇日正長。瞬息聞更漏。	後救　二十六宥 冠　十五翰 漏　二十六宥 （去聲）					
			六十四 揠苗徒自損。溝澮盈還涸。 九仞不及泉。枉向高原鑿。 慎終亦謀始。所厚那堪薄。 醍醐願共餐。善巧先鑽酪。	涸鑿薄酪　十藥					
			六十五 三十未始壯。四十今已老。 徒爾費芒鞋。依然不聞道。 既懲從井仁。豈學手援嫂。 見彈求鴞炙。嗟哉計太早。	老道嫂早　十九皓					
			六十六 壁影本非魍。孩童疑作鬼。 白日忽升天。見徹無頭尾。 秋深饒月華。春到多芳卉。 根境未離藩。受用能有幾。	鬼尾卉幾　五尾					

淨信堂初集　絕餘編					靈峰宗論				
			六十七 四衢遊坦坦。白牛步緩緩。 已悟勝蓮時。方知忍土短。 成壞等浮漚。依住均累卵。 啾啾器內蚊。誰信斯非誕。	坦緩短卵誕　十四旱					
			六十八 牛犢不畏虎。傷鳥怖虛弓。 安畏雖異局。對境皆懵懵。 何如見諦士。了了知無忡。 遊戲逆順界。寧尸勝敵功。	弓懵忡　一東 功　一東					
			六十九 避世不擇地。避地不擇人。 烏江已非漢。桃源亦屬秦。 所以明哲士。沒蹤莫藏身。 欲知剎海性。從來惟一塵。	人秦身塵　十一真					
			七十 鵲噪固無憂。鴉鳴亦報喜。 聲性本非殊。聞機寧異耳。 一耳聽兩音。兩亡一便止。 無明從此無。始覺從此始。	喜耳止始　四紙					
			七十一 咸臨吉乃利。倚伏洵多義。 甫唱拔茅歌。旋生朋黨祟。 世事固應然。調心尤不易。 難提起四禪。魔女偏相魅。	利義祟易魅　四寘					
			七十二 蹇不利東北。解亦利西南。 安身迺崇德。憧憧奚所堪。	南堪潭酣　十三覃					

淨信堂初集　絕餘編					靈峰宗論				
			鴻飛麗天表。龍躍歸深潭。 思慮泯無朕。白日眠方酣。						
			七十三 居德忌成夬。育德貴如蒙。 大道曠無際。何以耳似充。 出關驚枕夢。入場嗤老翁。 熟讀霍光傳。方知養正功。 七十四 亢龍成碩果。無悔須歸潛。 形氣尚應爾。況復心法嚴。 洗心貴藏密。豈兆涼與炎。 滴油莫墮地。凜凜刃方銛。 七十五 逐妄又尋真。揚灰復鼓塵。 未悟賓中主。安知主裏賓。 美食飽所棄。糟糠饑所珍。 滔滔天下是。沮溺同迷津。 七十六 希顏復學孔。未出三界籠。 步老復趨莊。依然舊漆桶。 太極未生形。自心早妄動。 石火電光機。何勞誇一統。	蒙充翁功　一東 潛嚴炎銛　十四鹽 真塵賓珍津　十一真 孔籠桶動統　一董					
			七十七 既慚德不修。又愧學不講。 德學本同條。誰能作兩項。 紫陽與象山。各喫三十棒。 識取宣尼宗。方來證溝港。	講項棒港　三講					

淨信堂初集　絕餘編					靈峰宗論				
			七十八 童冠沂水遊。三子異其撰。 一哂一喟然。黑豆換卻眼。 央掘發誠言。胎難安然產。 讀至不動章。大慧顏當赧。	撰眼產赧　十五潸					
			七十九 前際不可窮，後際不可極。 現前介爾心，邊際渺難測。 明明法界宗，妙觀胡墨墨。 奮起金剛拳，打碎無生國。	極測墨國　十三職					
			八十 欲雪先集霰。欲雷先耀電。 如何欲成佛。福慧毫無片。 流小石能穿。鑽息火誰現。 須教熟處生。擐甲同鏖戰。	霰電片現戰　十七霰					
			八十一 星火燎荒原。一指蔽山嶽。 易訓誡履霜。宣尼貴先覺。 未窮學地流。慎勿誇無學。 泥在水非純。稍動還成濁。	嶽覺學濁　三覺					
			八十二 濁水珠可清。暗室燈能破。 惟有靛池公。獅吼終驚臥。 跨下亦登壇。大將非從貨。 悅草披虎皮。徒令千古唾。	破臥貨唾　二十一箇					
			八十三 狡狐能惑虎。木雞難怖禽。 可欺不可罔。神全乃莫侵。	禽侵音愔　十二侵					

淨信堂初集			絕餘編		靈峰宗論				
			面南看北斗。端的誰知音。 曾經勝熱燄。徹體涼且愔。						
			八十四 崑崙非宿海。宿海非阿耨。 滔滔萬里流。一滴源誰透。 漫傳天上來。錯認銀河胄。 賴此投海機。從前皆免究。	耨透胄究　二十六宥 去聲					
			八十五 六塵本太平。六根亦非嬈。 問取六識身。蹤跡尤杳杳。 誰為結使源。細覓終難了。 試看瓶內空。傾出知多少。	嬈杳了少　十七筱					
			八十六 色色彰苦空。聲聲演無我。 拈來法界鑰。開盡塵沙鎖。 睹角便知牛。望煙豈惑火。 若要船頭直。端卻船梢舵。	我鎖火舵　二十哿					
			八十七 須彌怪石供。海水塗足油。 陶輪擲千界。剎網收雙眸。 變身四萬二。入聖終未優。 擬作神通會。新添頭上頭。	油眸優頭　十一尤					
			八十八 鯤潛知海闊。鵬徙知天高。 十虛信寥廓。何如遍吉毛。 縱步歷塵劫。徒令童子勞。 迷此一隙理。今古同滔滔。	高毛勞滔　四豪					

淨信堂初集　絕餘編					靈峰宗論				
			八十九 金屑不著眼。毒器不貯漿。 王饌未敢食。華屋徒窺牆。 垢盡明自現。胡勞羨色莊。 春風一夜起。蘭蕊遍溪香。	漿牆莊香　七陽					
			九十 芒鞋棄屋後。缽袋掛茅菴。 非敢濫無學。坐訪同行參。 石蜜味中最。食乃知其甘。 見月良賴指。寧復撈深潭。	菴參甘潭　十三覃					
			九十一 力疾復談經。非甘背夙盟。 應憐慧命斷。誰顧色身泠。 字字杵嬰血。言言佛祖型。 寄規龍象眾。莫作等閒聽。	經盟泠型聽　九青					
			九十二 語不競朝華。病應消夙業。 獨愧衰朽身。難企尊者脅。 法無心外傳。道自威音劫。 明明梵網燈。未審誰先接。	業脅燈　十七洽 接　十六葉 入聲					
			九十三 直指西來意。楞伽心可安。 語言同解脫。內守偏蹣跚。 休戀聲前句。還思步外竿。 不嘗天下醋。那信一般酸。 九十四 霧行不覺潤。日照咸知喧。 獨憐之楚客。往往北其轅。	安跚竿酸　十四寒 喧轅原煩　十三元					

淨信堂初集　絕餘編					靈峰宗論				
			珠固在濁水。蓮豈出高原。 為問南詢者。詎曰甘勞煩。						
			九十五 學士畏枯寂。禪德怖繁文。 繁文信無益。枯寂亦添瘽。 蛇繩見方熾。取捨徒紛紜。 捉鼻謾高喚。燈照知非獖。	文瘽紜獖　十二文					
			九十六 未明心與性。讀誦徒喃喃。 甫欲思上達。暗證還自緘。 不解順流棹。豈知逆風帆。 呷盡四海水。到頭滋味鹹。	喃緘帆鹹　十五咸					
			九十七 競為格外鋒。罔念昔時典。 因護乃至吠。堪嗟梵志大。 財慳尚可回。法執誰能遣。 五百野狐身。覆轍偏爭踐。	典　十六銑 大　九泰 遣踐　十六銑					
			九十八 佛語即佛心。佛心非佛語。 離此即非關。究竟誰為汝。 一句了然超。萬劫合頭杵。 若要舌本甜。勤取黃連茹。	語汝杵茹　六語					
			九十九 心肝掛樹杪。此理從來少。 離教覓單傳。癡鱉何時了。 妙指發妙音。非內亦非表。 側耳不會心。依然打之遶。	少了表遶　十七筱					

淨信堂初集	絕餘編				靈峰宗論				
			一百 觀箭毒逾熾。問橋路逾遲。 路遲日易暮。毒熾那堪醫。 有藥不早服。有足不早馳。 茫茫生滅海。誰與定歸期。	遲醫馳期　四支					
			百一 毒蛇勿捉尾。甘露勿添水。 添水飲成病。捉尾螫人死。 執項善調御。功歸豢龍氏。 悟時轉法華。良哉惠能旨。	水死氏旨　四紙					
			百二 聽法不觀心。死至成狼狽。 觀心不聽法。執刀還自害。 未知說默源。同條卻異會。 鼻孔向下垂。空讚威音外。	狽害會外　九泰					
			百三 長語悟非多。雪填井便無。 要言迷不少。小毒還生痡。 何勞妄欣厭。共把真宗誣。 早修開演智。莫畫舊葫蘆。	無痡誣蘆　七虞					
			百四 執藥每成病。借病翻成藥。 通塞靡定蹤。觸境須深度。 知人勿昭昭。自照無莫莫。 一言燭根元。千山勝行腳。	藥度莫腳　十藥					
			百五 聚螢不爇草。聚雪不成山。 鑽紙信無益。枯坐終癡頑。	山頑　十五刪					

淨信堂初集		絕餘編			靈峰宗論				
			未歷羊腸險。安知行路難。 千里始初步。休商最後關。 百六 洪鐘叩乃鳴。美玉終須琢。 不覓惡鉗錘。豈破無明殼。 護茲煩惱情。忍使靈光剝。 幽幽長夜寒。熟睡誰能覺。 百七 烏鳶忽成馬。展轉無非錯。 佛滅曾幾時。哀哉水潦鶴。 矧茲最後年。何地尋略彴。 斯文賴未亡。共聽封人鐸。 百八 日輪挽作鏡。海水挹作盆。 照我忠義膽。浴我法臣魂。 九死心不悔。塵劫願猶存。 為檄虛空界。何人共此掄。	難　十四寒 關　十五刪 琢殼剝覺 三覺 錯鶴彴鐸　十藥 盆魂存掄　十三元					
卷四 詩偈	2	幻寓華嚴庵四偈	笑破無生夢。拋開有識身。 隨緣聊寄足。何事可關神。 瓔粥偏宜病。鶉衣不厭貧。 灌園慚計拙。莫復更思尊。 九子峰偏靜。非干車馬喧。 有菴藏竹徑。無客到松垣。 地是金沙布。天從螺髻援。 加趺消永晝。欲辯已忘言。 未具摶風翼。欣同維鵲巢。 秕糠能作飯。野菜亦成肴。 泉飲方知冷。情枯始可交。 半生慚孟浪。今復愛吾聱。	身神貧尊　十一真 宣　一先 垣援言　十三元 巢肴交聱　三肴					

淨信堂初集　絕餘編					靈峰宗論				
			千里歸盟主。寧辭風雨侵。緬懷恒尚古。扼腕每悲今。野獸夜警寐。山禽曉奏音。苦空須早悟。無負最初心。	侵今音心　十二侵					
	3	遣病歌	九華峰頭雲霧濃。三月四月如隆冬。敝袍厚擁供高臥。尚嫌煖性來無從。 九華山中泉味逸。百滾千沸甘同蜜。拾取松毬鎮日煨。權作參苓療我疾。堪嗟我疾療偏難。阿難隔日我三日。寒殺闍梨熱亦然。已信浮生危脆質。豈從旦暮戀空華。悲我知門未詣室。是以勤將神咒持。擬開同體妙三慈。我病愈時生界愈。剎那非速劫非遲。箇中消息誰當辨。痛癢相關漫自欺。	濃冬從　二冬 逸蜜疾日質室　四質 持慈遲欺　四支		2	遣病歌	九華峰頭雲霧濃。三月四月如隆冬。厚擁敝袍供高臥。煖氣遠遁來無從。九華山中泉味逸。百滾千沸中邊蜜。捨取松毬鎮日煨。權作參苓療我疾。我疾堪嗟療偏難。阿難隔日我三日。豈向旦暮戀空華。悲我知門未詣室。是以持名日孜孜。擬開同體妙三慈。我病治時生界治。剎那非速劫非遲。	
	4	夢徹公有感為持呪偈	十載彌天網。心心獲異禽。蟭螟偏誤入。五夏漫投鍼。一簣功猶缺。他緣早受侵。神交雖不隔。托足已殊林。百里半九十。悠悠關我襟。支頤頻到夢。寤想倍憂深。黽勉皈明咒。終期聽好音。力追先哲道。莫陷近時燖。	禽鍼侵林襟深音燖　十二侵					

淨信堂初集	絕餘編				靈峰宗論				
	5	三十八歲生日偈（有序五月初三日）	予自分三十八歲必死扶病勉強入山不欲留此骨於人間世也山中與我同生者三人皆於春夏之交逝矣予猶延殘喘得至今日實三寶及神咒力耳爰成一偈以感佛恩。 誤受五行質。恒為四大侵。庚從丙火鑠。計使月光陰。拼作山中骨。寧存塵世心。獨needs神咒力。偏渡業河深。已悟無常浪。重聆實相音。菩提須永發。正法誓長今。豈視魔軍擾。甘令佛道沉。	侵陰心深音今沉 十二侵					
	6	有所慰	君不見。帝釋五衰相已現。甫唱三皈貌更姝。又不見。趙州苦行山中足。螣蛇變作龍戲珠。從來逆境多成就。歎息幾人能自孚。動心忍性誠實語。自暴自棄非良圖。夏草茸茸霜所敗。松柏亭亭冬不殊。寒威適足堅我骨。冰雪還堪養我株。老虯千載稱神樹。豈向春風競賞娛。大任舍予誰克荷。精金須煉終非誣。試看山前行路者。崎嶇歷盡是通衢。	姝　七虞 珠孚圖殊株娛誣 衢　七虞					

淨信堂初集	絕餘編				靈峰宗論			
	7	病餘寫懷四偈	一條拄杖兩芒鞋。海闊天空舒我骸。愛見慈悲終作疾。婆和學侶謾為儕。悅心有法聊成賞。糊口無糧卻是齋。好惡雲山隨意歷。莫商何地把身埋。	鞋骸儕齋埋　九佳		3	病餘寫懷四絕	一條拄扙兩芒鞵。海闊天空任往來。愛見慈悲終作疾。婆和學侶謾為儕。 宗庭獨力除荒草。教律誰能共執柯。雨露重時恩念少。鉗錘辣處怨情多。 勝心雖發足凡情。十載依稀舊路行。莫笑巴人猶少和。引商刻羽欲誰賡。 大小由來出路岐。無端埋沒好男兒。三年嘗膽嗤非久。須學華嚴塵劫思。	
			昔日曾吟五子歌。典刑依舊憶熙河。宗庭獨力除荒草。教律誰能共執柯。雨露重時恩念少。鉗錘辣處怨情多。堪嗟大願無方便。還向金錍自切磋。	歌河柯多磋　五歌					
			勝心雖發足凡情。十載依稀舊路行。疵露任從人世撥。心虛惟念斷金盟。莊生有斧嫌無質。旭子徒存堊孰乎。笑殺巴人猶少和。引商刻羽欲誰賡。	情行盟　八庚 乎　七虞 賡　八庚					
			大小由來出路岐。無端埋沒好男兒。花香暗被狂風洩。果嫩偏遭淫雨漓。收拾敗棋輸已半。搜羅剩騎氣方贏。三年嘗膽嗤非久。須學華嚴塵劫思。	岐兒漓　四支 贏　八庚 思　四支					
	8	重閱大藏偈	我年三十歲。閱藏求殊琛。身心並安適。志欲老叢林。無端被名累。善友牽我襟。雖受切磋益。酬酢時相臨。	琛林襟臨					

淨信堂初集	絕餘編				靈峰宗論				
			實德愧無寸。虛膺人世欽。 夙障得其便。惡疾斯來侵。 悠悠旦復暮。遷延乃至今。 賴此病良藥。入山恐不深。 棲止寧擇木。怖曲同傷禽。 乘時理舊業。隨緣且自箴。 已識浮生夢。何勞謀釜鬵。 為哀盲道者。恒復長呻吟。 法藥須療病。豈曰甘為蟫。 鍊酥能作酒。當令猛光歆。 魔外固多巧。誰堪七縱擒。 勉旃莫辭誕。法雨將咸淋。	欽侵今深 禽箴鬵吟 蟫歆擒淋　十二侵					
	9	有感偶成	他人之惡不可助。助惡猶如投火聚。他人善事不可阻。阻善猶如違害鬼。遏惡揚善順天休。罪滅福長不須求。以善資善喻水流。終歸大海涵千洲。以惡資惡喻積糞。徹底臭穢終難近。糞穢猶令田稻肥。惡業徒招地獄悲。	休求流洲　十一尤 糞近　十三問					
	10	喜病口占	病作丸湯經作醫。苦空無我適相宜。一倫生死無生滅。痛殺闍梨知未知。	醫宜知　四支					
	11	題五釵松	昔時五釵化作龍。今時五釵還成叢。昔時大士孤峰坐。今時大士盈山中。五釵本自大士種。撫茲道樹知慈風。歲寒不改青山色。雪綴依稀	叢中風宮　一東					

淨信堂初集　絕餘編					靈峰宗論				
			帝釋宮。帝釋宮中曾現瑞。百千身相同名字。願力塵沙未足奇。誰信泥犁無礙事。法身輪轉水為冰。性惡昭然性善義。迷悟關頭一念融。刀山劍樹隨遊戲。笑指庭前柏樹參。那知此樹西來意。	字事義戲意　四寘					
	12	贈見心開士偈（有小引）	見心開士為九華尊宿。喜營福事非一日矣。神廟時所頒大藏。久未供奉。開士復捐衣缽之餘。為櫥供之。予因閱藏以偈贊曰。 諸佛慧命。常住法身。云何不滅。三藏是珍。因指見月。月見指親。文字觀照。實相同真。一展一誦。為梁為津。維我開士。信此妙因。如法供養。有敘有倫。護彼侵蝕。卷帙常新。便彼簡閱。次第攸陳。悟性永發。功由爾遵。緇林之導。法王之臣。何以報德。劫外長春。	身珍親真　十一真 津因倫新 陳遵臣春					
	13	丁丑季冬禮千佛於九華藏樓偈贈諸友（8首）	謾云苦瓠換甜瓜。應信慈尊並我家。念性不勞參水月。低頭已駕白牛車。 介爾靈明絕古今。摩尼豈被汩流侵。珠澄濁水清光露。映徹晴空萬像森。	瓜家車　六麻 今侵森　十二侵		4	禮千佛於九華藏樓贈諸友五偈	非千苦瓠換甜瓜。處處慈尊並我家。念性枉勞參水月。低頭已駕白牛車。 堆山積嶽盡塵埃。力把慈風一夕摧。吹散鐵圍無暗地。何須拭目問明來。	

淨信堂初集	絕餘編				靈峰宗論				
			堆山積嶽盡塵埃。力把慈風一夕摧。吹散鐵圍無暗地。何須拭目問明來。 昔年窠臼一時掀。臘盡春回日已暄。欲信崑崙泉脈動。但看河凍不勝轅。	埃摧來　十灰 掀暄轅　十三元				昔年窠臼剎那掀。臘盡春回日已暄。欲信崑崙泉脈動。但看河凍不勝轅。 靈犀一點性元通。觸境逢渠道自融。驀地舉時聲歷歷。相看同在寶樓中。	
			歲月如流不可期。強將識性試旋思。三千鼻孔終無異。一樣鬚眉那自疑。 靈犀一點性元通。觸境逢渠道自融。驀地舉時聲歷歷。相看同在寶樓中。 芥翳非關眼性明。空華飄舞孰枯榮。道場當處無成毀。記取當年常不輕。 一體橫分想與情。冷然性計即無生。功成五悔非留惑。莫替樓頭最後盟。	期思疑　四支 通融中　一東 明榮輕　八庚 情生盟　八庚				一體橫分想與情。冷然性計即無生。功成五悔非留惑。莫替樓頭最後盟。	
	14	贈頂瞿師掩關念佛	一句彌陀聲歷歷。自他共離不可覓。是心作佛是心是。熾然感應真空寂。驀直歸來莫問津。無明睡裏轟霹靂。醒來捫枕笑呵呵。夢墮大河誰實溺。夢時非墮醒非超。一任凱風同奏勣。髻珠解處紹功成。內外空爭庶與嫡。權實由來不二門。白牛背上橫吹笛。一曲無生明月寒。從來不用降魔檄。	歷覓寂靂溺勣嫡笛檄　十二錫		5	贈頂瞿師掩關念佛	阿彌陀佛聲歷歷。自他共離不可覓。是心作佛是心是。熾然感應真空寂。驀直歸來莫問津。無明睡裏轟霹靂。醒來捫枕笑呵呵。夢墮大河誰實溺。夢時非墮醒非超。一任凱風同奏勣。髻珠解處紹功成。內外空爭庶與嫡。無生曲裏明月寒。白牛背上吹橫笛。	

淨信堂初集	絕餘編				靈峰宗論			
	15	因拄杖折聯成舊句	久將北斗面南看。回首家鄉月影寒。拄杖折時手眼瞥。芒鞋破處足心酸。不勞藏跡鍼鋒裏。偏解拋毬急水灘。一嘯忽傳林谷響。石人撫掌白雲端。	看寒酸灘端　十四寒		6	因拄杖折聯成舊句	縱橫北斗向南看。回首家鄉月影寒。拄杖折時手眼瞥。芒鞵破處足心酸。不勞藏跡鍼鋒裏。偏解拋毬急水灘。鸞嘯忽傳林谷響。石人撫掌白雲端。	
	16	夢感正法衰替痛哭而醒述寫懷二首	幾番視聽悚狼威。脂欲消時肉漸肥。自許肝腸終莫改。那堪聲氣合仍違。魔軍邪幟三洲遍。孽子孤忠一線微。夢斷金河情未盡。醒來猶自淚沾衣。 休言三界盡生盲。珠繫貧衣性自明。肯放眼前閒活計。使堪劫外獨稱英。不龜手藥猶分明。無上尸羅寧隔程。泣愬莫嫌頻入寐。會須踐我最初盟。	威肥違　五微 微　十蒸 衣　五微 盲明英明程盟　八庚		7	夢感正法衰替痛哭而醒寫懷二偈	魔軍邪幟三洲偏。孽子孤忠一線微。夢斷金河情水盡。醒來餘淚尚沾衣。休言三界盡生盲。珠繫貧衣性自明。肎放眼前閑活計。便堪劫外獨稱英。	
	17	道過齊雲問訊真武	煙霞臢癖此中分。遙望名巒勢欲棼。擬向玉屏占瑞氣。還從金鼎挹香芬。千尋曲澗鳴流水。萬朵青山綴白雲。予亦佛門為外護。何妨破格友真君。	棼芬雲君　十二文		8	道過齊雲問訊真武	煙霞臢癖此中分。遙望名巒勢欲棼。柱杖石屏占瑞氣。袈裟金鼎挹香芬。千尋曲澗鳴流水。萬朵青山綴白雲。予亦佛門為外護。何妨破格友真君。	
	18	四十初度寫懷	物論悠悠理本齊。年來漸覺脫筌蹄。拳開非實掌元在。翳去惟空眼不迷。流水有心終匯海。落花無語亦成谿。剎那生處生何性。笑把威音劫外提。	齊蹄迷谿提　八齊		9	四十初度	物論悠悠理本齊。年來漸覺脫筌罤。拳開非實掌元在。瞖去惟空眼不迷。流水有心終匯海。落花無語亦成谿。剎那生處生何性。卻笑威音劫外提。	

淨信堂初集	絕餘編				靈峰宗論				
	19	雨窗選佛分得東文二韻	何須翹首福城東。十界圓歸一席中。眾壑爭鳴同就海。簷聲滴斷熟梅風。 擬將遊戲覲迦文。卻喜空山布法雲。輪相轉時知性起。懽呼早已震魔軍。	東中風　一東 文雲軍　十二文					
	20	喜雨歌	初夏久暘暘。人情爭畏旱。芒種雨如傾。溝澮咸充滿。一澍十晝夜。溪流抑何悍。我坐陽山第一峰。禪衣擁膝偏稱暖。倦來無事且經行。選佛場中欣有伴。焚香煮茗樂悠悠。雨點風聲片語收。風吹不入雨不濕。堪笑從來學未優。三身四土都霧卻。翠竹青松雲外浮。君不見。隨他一語千山走。今日重添頭上頭。	旱滿悍暖伴　十四旱 悠收優浮頭　十一尤					
	21	贈葆一兄	新安諸峰多淡雅。陽山獨自稱秀拔。悠然小閣築松間。倚欄坐眺襟期豁。城市紛紛聲不侵。萬山點綴浮雲闊。鳥語蛙談了義詮。磬魚梵唄閒生活。我來結夏信奇緣。坐向塵中剖大千。葆公夙志亦非小。衣珠欲向迷前曉。梵世絲垂擬就鍼。風師珍重莫相侵。佇看投契無蹤跡。	拔豁闊活　七曷 緣千　一先 小曉　十七篠 鍼侵今　十二侵 音戀林					

淨信堂初集　絕餘編					靈峰宗論				
			繡出鴛鴦絕古今。絕古今。微塵國裏足知音。目前雞肋何須戀。攜手同歸解脫林。						
	22	寄懷未能	文字離微影不留。玄機欲唱孰相酬。因憐屢中神猶隔。翻憶如愚益可收。九子峰頭標月指。千如境裏辨金鍮。靈犀通處知無朕。莫負持明助遠猷。	留酬收猷　十一尤		10	寄懷未能	文字離微影不留。玄機欲倡孰相酬。因憐屢中神猶隔。飜憶如愚益可收。九子峰頭標月指。千如鏡裏辯金鍮。靈犀通處知無朕。莫負持名助遠猷。	
	23	新秋懷如是師	林低鳥跡迴。石密竹影癯。白雲填萬壑。殘月掛斜株。嗟此不成寐。我友天一隅。敦好信非久。時復懷嘻吁。	癯株隅吁　七虞					
	24	警眾友	翹首菩提路。悠悠幾陌阡。應憐小證後。重憶大通前。月指謝綠影。鏡像明媸妍。自慚說法鳥。誡爾莫生天。	阡前妍天　一先					
	25	題扇寄懷野愚索印章	天都列千嶂。遠望積平郊。松陰拂危石。幽然築小茅。無事此靜坐。日影移林梢。慚予天外友。攜杖徒神交。翹望別峰外。矯矯白鶴巢。短吟聊寄興。新句未堪敲。借靈思妙腕。解此半生嘲。	郊茅梢交巢敲嘲　三肴					
	26	贈華林開士	九旬結夏陽山峰。松陰竹翠隨俯仰。坐談喜有二三英。斂目還勤九華想。九華山頭	仰想朗長　二十二養					

淨信堂初集	絕餘編					靈峰宗論			
			有老僧。心慈體厚神爽朗。言笑春風遍席生。靈根堪作蓮盟長。海陽三百路悠悠。日出扶桑一影收。識浪息時心水湛。願風鼓處行雲稠。悲緣有種惟應拓。惑業無根任意抽片。語神交聊寄贈。努力追蹤脅比丘。	悠收稠丘　十一尤					
	27	別玄覽	雨歇松林濕未收。寒蟬怯露聲如抽。九旬同住忽云別。孤懷不語偏悠悠。丈夫慷慨重一諾。片言矢志須千秋。白雲出沒竟何性。碧空青皎光沈浮。智士從大不從小。愚夫近慮無遠憂。皮囊愛惜終捐棄。虛名赫奕奚能留。何如曠覽寰區表。高登闊步遵玄猷。簷風吹醒循階夢。彈指先參慈氏樓。君不見。菁菁夏草今如許。翠柏霜殘葉不柔。	收抽悠秋浮　十一尤 憂留猷樓柔		11	別玄覽	松嶺雨歇溼未收。怯露寒蟬聲如抽。同住九旬忽云別。不語孤懷偏悠悠。智士從大。不從小。愚夫近慮無遠憂。愛惜皮囊捐荒丘。虛名赫奕奚可留。何如曠覽寰區表。闊步高登遵玄猷。吹醒循階夢。先參慈氏樓。君不見。翠柏霜殘青未已。瀼瀼蔓野今如爔。	
		靈鳥賦	中秋後二日，群鶴集靈峰，野納喜之，有終其身之志焉，賦靈鳥。				靈鳥賦	中秋後二日群鶴集於靈峰賦靈鳥	
			矯矯靈鳥集於山，娛我多士，終朝永閑。	山閑　十五刪				矯矯靈鳥集於山。娛我多士。終朝永閑。	山閑　十五刪
			矯矯靈鳥集于阿，娛我多士，雍雍以和。	阿和　五歌				矯矯靈鳥集於阿。娛我多士。雍雍以和。	阿和　五歌

淨信堂初集　絕餘編					靈峰宗論				
			翩翩鶴舞百千其羽，娛我多士，於焉永聚。	羽聚　七麌				有懷樂土。實多靈羽。羡此東林。式瞻西戶。送想功成。覿面斯覩。	土羽戶睹　七麌
			猗歟靈羽有集如雲，娛我多士，於焉永欣。	雲欣　十二文					
			有懷樂土，實多靈羽，羡此東林。式瞻西戶，送想功成，覿面斯睹。	土羽戶睹　七麌					